中高生に寄り添うブックガイド

青 春 の 本 棚

高見京子 編著

全 国 学 校 図 書 館 協 議 会

ま え が き

　青春期・思春期と呼ばれる中学生・高校生の時期は、身体の変化と共に、人生で最も悩み考える時期です。身近な進路や友情、恋愛・家族などについて、また、自分は何者か、人生をいかに生きていくべきかなど哲学的にも思いを深める時期です。みずみずしい感受性に満ち、未来に向かって伸びていこうとしています。

　学校図書館は、生徒たちの悩みに寄り添い、勉学に寄り添い、学校生活も支えます。この生徒たちと共にあります。この時期だからこそ、巡り合ってほしい本も沢山あります。もちろん、生徒からも教えられ、一緒に学校図書館は作られていきます。

　近年、この世代の子どもたちにも目が向けられることが以前に比べて多くなってきました。しかし、まだまだ世間的に認識されにくく、読書の世界でも、YA（ヤングアダルト）層への本、ブックガイドは多いとは言えません。そこで、学校現場で生徒と触れ合い、本もよく知っている司書教諭・学校司書・そして生徒も一緒に、青春の日々に寄り添いながらの本の紹介を、機関誌「学校図書館」で、2017年度から3年間連載をしました。本書は、それらを基にしてブックガイドとしてまとめたものです。子どもたちへの本の手渡し方やリアルな現場の様子が語られ、現役中高生もおすすめの本を紹介しています。選書の参考だけではなく、生き生きとした中高生や学校図書館の姿も感じ取ってくだされば幸いです。

　本書の趣旨に、同じように心を寄せてくださり、心に響くエッセイをお書きくださった小手鞠るいさん、読書のイメージが広がる素敵な表紙を描いてくださった中村ユミさんに、この場を借りてお礼申し上げます。

高見京子

もくじ

1章　心に寄り添う

2章　本 の 世 界 へ い ざ な う

3章 未知の扉を開ける

4章　中高生にも絵本を

5章 中高生がすすめる

一冊の本から始まる

小手鞠るい

　どうしてあんなに本が好きだったのか、自分でもよくわからないのだけれど、物心ついたころから、私は本の虫だった。昔の写真アルバムを広げると、自分の背丈よりも高く積み上げられた絵本に手をのばして、うれしそうに笑っている、三歳くらいの女の子に出会える。

　人形よりも、ままごとよりも、本が好きだった。友だちよりも、学校よりも、好きだった。「おまえは本を読み過ぎる！　いい加減にしなさい」と両親に叱られるほど、本ばかり読んでいた。

　勉強もスポーツも苦手で、遠足も運動会も大きらい。きらいな学校の中で唯一、好きな場所は、図書室だった。中・高生時代にはぶあつい眼鏡をかけて、やっぱり、暇さえあれば本を読んでいた。

　学校の図書室へ行くと、司書の先生から「あなたの借りていない本を探すのは難しいね」と言われていた。学校の図書室の本を読み尽くすと、町の図書館へ行った。おこづかいはすべて本代に消えた。初恋も青春も恋愛も、現実の世界ではなくて、本の中で謳歌した。

　三つ子の魂百まで、ということわざの通り、いまだに本が好きである。今も人づきあいが苦手で、部屋にこもって本を読んでいる時間がいちばん幸せだ。

　毎日、本を読まない日はない。今の私にとって、本は心の栄養であり、職業上、欠かすことのできない道具でもある。一時間、小説を書くためには四時間、小説を読まなくてはならないと思っている。書くことは、読むことだし、読むことは、書くことだから。スタンダールは「書いた、愛した、生きた」と墓碑に刻んだ。私は「読んだ、読んだ、書いた」と刻みたい。

　本好きが高じて、社会人になってからも、本に関係している仕事を選んで働いてきた。学生時代には図書館でのアルバイト、卒業後は出版社の編集、出版社の営業、書店の店員、フリーライターなど「本を作る仕事」「本を売る仕事」を経験しながら、いつか小説家になって「本を書く仕事」をしたいと、夢見つづけてきた。

　夢が叶うまでには長い年月がかかったけれど、今は、ニューヨーク州の森の中で暮らしながら、小説や児童書を書いている。

　すべては、一冊の本から始まった。

　中学一年生のときだった。雑誌のアンケートに答えて抽選で当たった一冊の本。やなせたかし詩集『愛する歌　第一集』―――この本が、私の進むべき道を示してくれた。つまり、十三歳だった私の「夢」を具体的な「目標」に変えてくれたのである。

　　風が好き
　　海が好き
　　空が好き
　　　この人生が好き
　　　あなたが好き
　　　わたしたちをつつむ
　　　光が好きです

『愛する歌　第一集』の冒頭に置かれている詩「好きな風景」の冒頭の一節。
　この七行を読んだとき「ああ、いいな」と思った。ああ、いいな、すてきな詩だな。だれにでも理解できる言葉で、だれの心にもすーっと染み通る、深い人生哲学が語られている。シンプルで、美しい。私もいつか作家になって、こんな文章を書きたい。私の書いた詩や文章を読んだ人が「ああ、いいな」と思ってくれたら、どんなに素晴らしいだろう、と。
　大学一年生のとき、京都の書店で、やなせたかし先生が編集長を務めていた雑誌『詩とメルヘン』に出会い、私は詩を書いて、この雑誌に投稿するようになった。二十二歳のときに書いた詩「空はなにいろ」が初入選して、雑誌に掲載された。自分の作品が初めて活字になったのは、このときである。
　そこから、すべてが始まった。
　一冊の詩集を手にしてから五十年後の今、私はこのエッセイを書いている。これが夢の実現でなくて、いったいなんだろう。
　一冊の本には、人の一生に影響を及ぼし、人の人生を大きく動かしていく力がある。きょう、あなたが今、手にしているその本から、あなたの人生が始まっている。あなたの人生が動き始めている。
　最後に「好きな風景」の最後の一節をご紹介しよう。

　　花が好き
　　歌が好き
　　夢が好き
　　　この人生が好き
　　　あなたが好き
　　　どこまでもつづく
　　　この道が好きです

Rui Kodemari

装　画　中村ユミ

1章

心に寄り添う

- 青春を生きる
- 自分を見つめる
- 生徒に寄り添う

アンネ・フランク 著
深町眞理子 訳
『アンネの日記　増補新訂版』
（文春文庫／文藝春秋）

同世代の研ぎ澄まされた
感性と鋭く深い思索

アンネ・フランク　Anne Frank

1929年～1945年。6月12日ドイツフランクフルト生まれ。ナチスの追っ手を逃れアムステルダム市に移住、1942年に隠れ家生活に入ったが1944年8月に連行され、アウシュビッツからベルゲン・ベルゼンに送られ、チフスのため生涯を終えた。日記は1942年の誕生日から1944年8月1日まで書かれており、青春・ホロコーストの記録として多くの人々の胸を打つ。

自己の本性を見つめる

太宰治 著
『人間失格』
（新潮文庫／新潮社）

太宰　治　だざい・おさむ

1909年～1948年。青森県生まれ。左翼運動での挫折の後、戦後にかけて作品を次々に発表。主な作品に、『走れメロス』『女生徒』等。本作品は特に若者の愛読者が多い。「子どもより親が大事と思いたい」（『桜桃』）等、コピーライター顔負けのキャッチコピーも多く残している。誕生日と同じ6月19日に、玉川上水で入水自殺。

中高生は、まさしく青春の真っ只中にいる。読書は時期を選ぶものではないが、青青時代にこそ深く感動する本に巡り合ってほしい。世界の不思議に触れ、学ぶことの楽しさを知ってほしい。そして、人生に悩むこの時期に、深い思索に導く本に触れてほしいと思う。

まず最初は、『アンネの日記』。アンネ・フランクはナチスによるホロコーストを避けるため、アムステルダムで隠れ家生活を送った。見つかる前の2年間、彼女は親友に語りかける形で日記を書き続けた。

Ｉ高校で、Ｍさんという聡明な生徒がいた。彼女は多分、自分の今・将来をどう位置付けていいのか悩んでいたのだろう、学校も欠席がちの生徒だった。その彼女が読書感想文でこの本を取り上げてこう書いた。「アンネは私に物を単に眺めるのではなく、見て考えることを教えてくれた。（略）私は判断する力がほしい。そのための一つの手段として大学へ行こうと思い始めている」。アンネは過酷な運命の中、研ぎ澄まされた感性と鋭く深い思索に満ちた言葉を残した。同世代の書き手のこのような文章は心を揺さぶらずにはおれない。

読書感想文の定番に、太宰治の『人間失格』がある。自己肯定感がもてず、自分は、人間失格だと悩んでいる生徒は少なくない。Ｈ高校のＴ君もその一人だ。彼は図書委員をしていて、文化祭で友人たちとブックトークをしたいと言ってきた。彼のテーマは「太宰の死を見つめて」。20分くらいで終わると思っていたら、なんと1時間も語ってしまった。自分が失格だという共感の部分が多かったのだが、彼は作品の最後「神様みたいないい子でした」をあげ、太宰が自分を肯定したのだと話した。「僕は太宰みたいに、なかなか自己肯定までには至らない。やはり自分の本性を包み隠す。だが、それと同時にその本性を見つめることはできる。（略）まだ答えは見つかっていない。理性的？だから、もう僕は人間失格ではない気がする」は、のちに彼が書いた文章。

『アンネの日記』も『人間失格』も改めて紹介しなくてもよい作品なのかもしれない。しかし、それぞれの生徒の青春は一度きりだ。自分を見つめ、まさに命を懸けて残された作品は多くの人の胸を打つ。青春期にはこのような作品に巡り合ってほしい。そして学校図書館（と図書館員）は、その生徒と本を結びつける手助けをする。青春期の心動かす本を送り続けたい。

（高見）

サラ・ザール 著
西本かおる 訳
『ルーシー変奏曲』
（小学館）

音楽小説って面白い！

サラ・ザール Sara Zarr

アメリカクリーヴランド生まれ、サンフラン
シスコ育ち。デビュー作は『story of girl』
（2007）。YA小説のほか、エッセイ、ノン
フィクションも手がける。2010年には全米
図書賞の審査を務める。

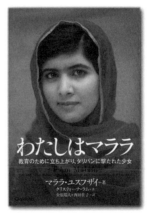

みんながマララには
なれないけれど

マララ・ユスフザイ Malala Yousafzai

1997年生まれ。生まれ育ったパキスタン北
部で10歳のときに女子の教育を求める活動
をはじめる。2012年に下校途中に銃撃され
たが一命をとりとめ、その後も活動を続け、
2014年、ノーベル平和賞を受賞。

マララ・ユスフザイ、クリスティーナ・ラム 著
金原瑞人、西田佳子 訳
**『わたしはマララ：教育のために立ち上がり、
タリバンに撃たれた少女』**
（学研プラス）

本校には音楽を専門とするコースがある。演奏会やミュージカルで舞台慣れしている彼女たちはよくしゃべり、休憩時間ともなれば踊り、キラキラしている。そんな中で一人、休みがちな生徒がいた。担任に手を引かれながら図書館に来た彼女に「これね、音楽の本だよ」と『ルーシー変奏曲』を差し出した。

主人公はピアノの才能に恵まれながら、自らその道を断ってしまった16歳のルーシー。自分は何がやりたいのか。家族との衝突や周囲との交流を通じて、自分を見つめ直す物語だ。思春期のモヤモヤした気持ち、音楽を楽しむ気持ち、舞台でのプレッシャー……どれがマッチしたのかは分からないが、彼女は「面白かった！　音楽の小説をもっと読みたい」と図書館に通うようになった。

私は岡山県高校司書のメーリングリスト（ML）で「面白い音楽小説」を募集した。他校司書の薦める音楽小説に、自分自身ができなかった演奏や青春を重ねたであろう彼女は、その後9か月間図書館に通い、卒業した。

岡山の高校司書は活発である。一人職場である学校司書が情報を共有できるよう、MLをはじめとする協力体制が整っている。2013年に始まった岡山の高校図書館によるお薦め本コンテスト「でーれーBOOKS」もまた、良書を共有し、提供・発信する機会といえる。

「すごい」を意味する岡山弁を使った「でーれーBOOKS」は、「高校生に読書が楽しく役立つものだと感じてもらえるような本を選び薦める」をコンセプトに、学校司書のほか、高校の図書館関係者が参加できるコンテストである。人気の小説ばかりに手を伸ばしがちな生徒に、さまざまなジャンルの本に触れてもらいたいとの思いから、小説以外を選考対象としている。

「でーれーBOOKS」にランクインした中に『わたしはマララ』がある（2015年6位）。子どもが教育を受ける権利を訴え、タリバンに銃撃された少女の手記だ。世界的な話題作で、インターネットのレビューを開けば、マララの勇敢な姿に心を動かされた読者が「私も不平等な世界を変えたい」「戦争のない世界を作りたい」と大きな野望を掲げている。しかし、本校のでーれーBOOKSコーナーの前に立つ生徒は「年下なのにマララはすごい。自分には無理」「世界を変えるよりまずは自分を変えたい」など、マララを尊敬する一方、悩みや不安を捨てきれない。

キラキラしているように見える生徒たちの内面に迫る本の力が必要だ。多くの学校司書の知恵を借りながら彼女らの心を揺さぶる「でーれー」読書体験を提供していきたい。　　　（田中）

森絵都 著
『カラフル』
（文春文庫／文藝春秋）

"将来へのきっかけ"を
くれた本と先生の力

森　絵都　もり・えと

1968年東京都生まれ。1990年『リズム』
で第31回講談社児童文学新人賞を受賞しデ
ビュー。同作は、椋鳩十児童文学賞も受賞し
た。第46回産経児童文学賞を受賞した『カ
ラフル』と、第52回小学館児童出版文化賞
を受賞した『DIVE!!』は映画化・アニメ化さ
れ、人気を博した。2006年『風に舞い上が
るビニールシート』で第135回直木賞受賞。
教育を塾の観点から描いた『みかづき』は第
12回中央公論文藝賞を受賞している。

２学期末、国語科の先生から「中学２年生の今度のブックトークは、教科書に関係なく自由なテーマでお願いします」と依頼があった。そこで、職場体験学習の後だったので、テーマを「これが私の生きる道」とし、リストの１冊に森絵都さんの『カラフル』を選んだ。『カラフル』は、多くのブックリストや教科書に紹介され、YA文学としてポピュラーな作品だったが、当校へ赴任して９か月経った時点で、貸出記録のない本だった。

　死んだ「ぼく」の魂が抽選に当たり、自殺した少年「真」の体にホームステイしながら「ぼく」が犯した罪を思い出さないといけない、という冒頭を朗読した。その後、自殺の原因が、家族への不信や学校でのいじめにあると知りながら、「ぼく」が「真」として生活していくうちに、「真」も知らなかった両親や兄弟の本当の気持ちやクラスメートの内面に気付いていくところなどを紹介した。ブックトークが終わった後、突然先生が「私が教師を目指すきっかけになった本が『カラフル』です」と話し始めた。この本との出会いと、その時の感動を熱く語る先生の姿を、生徒たちは一心に見つめていた。

　その後すぐ、２年生全クラスの朝読用に貸し出している学級文庫に『カラフル』を追加したが、それとは別に学校図書館へ借りに来た生徒がいた。彼は授業中、廊下などで過ごすことが多く、同級生とのトラブルや問題行動が目立つ生徒だった。その彼が『カラフル』を借りに来たのだ。「読むのに時間がかかるかもしれない」と言うので、「同じ本が他にも数冊あるのでゆっくりでいいよ」と言って貸し出した。

　それから２か月ほど経った頃、彼の担任の先生が、「○○君から、『カラフル』いいよ。先生も読みなよって言われたの」と教えてくださった。その頃の彼は、問題行動も少なくなり、授業中、廊下で見かけることもなくなっていた。授業で来館した時も、根気よく課題に取り組もうとするなど、成長した彼の姿を見ることができた。３学期の終わり、「遅くなってごめんなさい」と言って返却に来た彼は、『看護師になるには（なるにはBOOKS）』（佐々木幾美ほか著、ぺりかん社）を借りていった。

　このような彼の変化と成長は、たくさんの先生方が熱心に彼の指導に取り組んでこられたからである。しかしそのきっかけになったのは、黄色い表紙の文庫を掲げながら熱心に語った時の先生の姿であり、言葉であることも間違いない。そして何より『カラフル』の大きな力が、彼の背中を押したのだと私は信じている。　　　　　（道浦）

椎野直弥 著
『僕は上手にしゃべれない』
（ポプラ社）

「キミだけじゃないよ」

椎野直弥　しいの・なおや

1984年北海道生まれ。大学卒業後、仕事の
かたわら小説の執筆を続け、第4回ポプラ社
小説新人賞に応募。最終選考に選ばれた応募
作に改稿を重ねて本作でデビュー。

アスペルガー症候群、場面緘黙症、注意欠如・多動性障害……。「第2の保健室」といわれる学校図書館には、配慮が必要な生徒の情報が入る。彼女たちがクラスになじめなかった時にしばしば逃げ場になるのが図書館だからだ。しかし、程度も症状もさまざまな生徒の対応には難しさを感じている。『僕は上手にしゃべれない』、そのタイトルに答えを求め、ページを開いた春の出来事を紹介する。

この本は、吃音に悩む中学生の悠太が主人公の物語だ。しゃべる練習をするために放送部のドアをたたいた悠太は、「でっ、でで、でで、でもやっぱりめ、めめ、めめめめ迷惑かけるからもうは、はい、はは、ははは、入る気はない」と、引き返してしまう。しかし、先輩の立花は次のように語る。「つらいと思う。でもさ、そのせいでいろいろと我慢しちゃうっていうのはやっぱりよくないよ。それはすごく、もったいない」。立花の言葉に背中を押された悠太は、女子部員の古部と共に、しゃべる練習を始める。しかし、苦しい練習は「なんで僕だけ、こんなに苦労しなきゃならないんだ」という思いをまとわせる。

「キミだけじゃないよ」と悠太に声をかけずにはいられない。どれだけの生徒が自分にいら立ち、悩みをぶつけてきたことか。本校図書館の常連である一人の生徒もそうだ。

動作が遅い彼女は、授業によく遅刻する。「チャイムの鳴る10分前に片付けよう」と言っても、「できない」と地団太を踏む。そんな彼女にこの本を渡した。「私も悠太みたいに頑張るわ」という感想を期待しながら。

「悔しい」これが彼女の実際の感想だった。理由を聞くと、思いがけない答えが返ってきた。彼女も吃音だったこと、小学生の時に病院でしゃべる練習をしたこと、自分には支えてくれる友人がいなかったこと、頑張ってしゃべれるようになった今も友人はいないこと、自分の頑張りは無駄だったこと。恵まれているように見える悠太と自分を比べて悔しいのだ。私自身も言葉が遅い子どもだった。いまだにしゃべることが下手な私には、そうとは気づかなかったほど吃音を改善させた彼女の頑張りが無駄だとは思えない。しばらくの意見交換の末、彼女は小さな声で「うん、そうじゃな」と答えてくれた。

彼女だけではない。障害の診断が出ているいないにかかわらず、自分に見切りをつけている生徒は多い。振り返れば、私も苦手意識の中でさまざまな選択肢を捨ててきたように思う。生徒には、努力することを諦める人になってほしくない。自分の近くに支えてくれる友人がいなくても、本の中には必ず味方がいる。図書館は本と人をつなぐ場所だ。

(田中)

小林エリカ 著
『この気持ちいったい
何語だったらつうじるの?』
（イースト・プレス）

自分と世界がつながる

小林エリカ こばやし・えりか

1978年生まれ。マンガ、小説、映像、ドローイングなど幅広く手がける。詩をモチーフにしたコミックに『終わりとはじまり』、アンネ・フランクの足取りを遡る旅の軌跡をつづったノンフィクション『親愛なるキティーたちへ』、アフガニスタン空爆をテーマにした『空爆の日に会いましょう』などがある。

才能は
"ものすごく好きだって
いう気持ち"

宮下奈都 みやした・なつ

1967年福井県生まれ。2004年『静かな雨』で第98回文學会新人賞佳作に入選し、デビュー。2012年『誰かが足りない』が第9回本屋大賞にノミネートされ、2016年『羊と鋼の森』で第13回本屋大賞を受賞した。本作品は映画化もされた。『スコーレ№4』、『とりあえずウミガメのスープを仕込もう。』などがある。

宮下奈都 著
『羊と鋼の森』
（文春文庫／文藝春秋）

今年度から勤務している学校は、1学年5科5クラスで、科によって生徒の雰囲気はずいぶん異なる。学習調査や事前のアンケートなどから見ると、ふだん本を読まない・読む習慣がない・読書の必要性を感じないという生徒は極めて多い。学年によっては国語の授業時間に短時間の読書を取り入れている。

夏休みには読書感想文の課題効果を狙って、課題図書の3冊とは別に150冊を選んだ。話題性、発見度、痛快度などの7項目について星をつけ、ブックリストを作成し、展示した。生徒の興味・関心を引き付けそうなテーマ、本校の生徒の進路とのかかわり、価値観が揺さぶられるものを選定基準として、文芸書だけでなく発見や進路につながりそうな新書も入れてみた。今回紹介するのはその中の2冊である。

小林エリカの『この気持ちいったい何語だったらつうじるの?』を選んだ生徒の感想文には、作者の言葉が胸に迫ってきたこと、生徒自身の体験と思いが訥々（とつとつ）と語られていた。この本は学校図書館にそろえているところも多い「よりみちパン！セ」のシリーズだ。ルビがあるので漢字が苦手な生徒にも読みやすく、未知の世界を体感できる。本文は2章からなり、この本を選んだ生徒は、戦争と言葉についても考えを深め、周囲を見る目が変わったと感想文の中で述べていた。本を読むことで

自分と世界とがつながっていると感じられるのも読書の楽しさの一つであろう。

宮下奈都の『羊と鋼の森』を手にした生徒もいた。保護者も本が好きでこの本を娘に紹介したという。ピアノの調律師にあこがれて一途に努力を続ける外村が、仕事を通じて出会う人々に刺激を受け、成長していく物語である。とりわけ、調律の才能について思い悩む彼に対し、先輩である柳が、才能は「ものすごく好きだっていう気持ち」と答える場面は印象深い。その言葉には大人でもはっとさせられる。何事も小さなことから地道に続けていくことが遠回りのようで一番なのではないか。感想文には、情景描写の美しさだけでなく、自分が「才能」を言い訳に使ってきたと内省する言葉もつづられていた。職業意識という面でも、この本は高校生にとってよい刺激になるのではないだろうか。

選択制のため、感想文の提出自体は予想したよりもずいぶん少なかったが、本と対話するそれぞれの生徒の姿を全ての読書感想文に見ることができた。現在1年生の彼らは、これからどんな本に出会っていくのだろうか。3年間での成長が楽しみである。　　（赤澤）

石田衣良 著
『4 TEEN』
（新潮文庫／新潮社）

ずっと14歳のままで
いたいけれど

石田衣良　いしだ・いら

1960年東京都生まれ。フリーター、コピー
ライターを経て、1997年『池袋ウエスト
ゲートパーク』が第36回オール讀物推理小
説新人賞を受賞しデビュー。本作品はシリー
ズ化し現在も続いている。『4 TEEN』で
2003年直木賞を受賞している。続編として
の『6 TEEN』もある。若者を主人公とした
現代の作品が多く、YA世代に人気の作家で
ある。高校生ビブリオバトル大会など、若者
主体の文学イベントにもよく招かれる。

思春期の子どもたちを描いた、石田衣良の作品を、中高生にぜひ読んでもらいたい。

『4TEEN』は、4人の男子中学生が、学校生活や日常生活の中で、思春期だからこそ直面せざるを得ないさまざまな問題を乗り越え、友情を深めていく物語である。14歳の主人公たちは、東京の下町で中学校生活を送っている。勉強の得意なジュン、身体が大きく家庭環境が複雑なダイ、重病に苦しみながらも学校生活を懸命に送っているナオト、そして、平凡な中学生であることが悩みのテツロー。物語はテツローの視点から語られていく。4人の登場人物の誰かに自分を重ねて読むことができるだろう。

彼らは友情、勉強、進路、親子、恋愛等に悩みながら、それぞれの苦悩に真剣に向き合い、仲間を支えにして明るく切り抜けていく。また、中高生が避けて通れない性の問題に悪戦苦闘する姿もユーモラスに描かれている。さらに、重病のナオトを思いやることや級友の不登校、家族の死などに遭遇することにより、死にも向き合っていく。「14歳は子どもとして純粋でいられる最後の時間。家庭環境も性格も全く異なる4人が、社会の思惑に振り回されずに友だちでいられたのは、14歳だから」「ずっと14歳のままでいたいけど、主人公たちも私たちも、これから大人への道を歩かなければならない

ね」という中高生の読書会での感想が、心に染み込んだ作品である。読後は、この作品の続編である『6TEEN』にも発展してほしい。

同著者の『約束』。短編7編を所収し、どの作品も、生命の危機や試練に出会い、深く傷つき苦悩する子どもから大人までの登場人物が、人や自然とのかかわりの中で再生していく物語である。表題作「約束」は実際に大阪で発生した、小学校襲撃事件で犠牲になった子どもたちや、事件に巻き込まれ心身ともに傷ついてしまった子どもたちへ、作者が思いをはせて執筆した作品である。また、5作品目の「夕日へ続く道」は全国SLA「集団読書テキスト」にも収められている。不登校の中学生雄吾が、風変わりな廃品回収業の老人源一と交流を続けることにより、明日への一歩を踏み出す物語である。

私の在住する山口県では、この作品で中高生が読書会を数多く実施してきた。読書会では、数多くのテーマで語り合い、特にラストに描かれる「源一の行動」や「夕日のシーン」に込められた意味については、大いに話し合いが盛り上がった。「一生懸命はかっこいい」「若者って悩むもの」「雄吾は成長できるかな。そして私も」「ばからしいほど優しい物語」「夕日は登場人物たちのその後を示しているのかなぁ」など、読書会後にすてきな感想が寄せられた。　　　　（長尾）

自分を
見つめる

吉野源三郎 原作
羽賀翔一 漫画
『漫画 君たちはどう生きるか』
（マガジンハウス）

時を超えて価値ある書物を

吉野源三郎　よしの・げんざぶろう

1899年 〜 1981年。東京都生まれ。岩波書
店に勤務。雑誌「世界」初代編集長、岩波少
年文庫の創設にも尽力した。『職業としての
編集者』、訳書に『あらしの前』『あらしのあ
と』などがある。

羽賀翔一　はが・しょういち

漫画家。2010年『インチキ君』で第27回
MANGA　OPEN奨励賞受賞。『ケシゴムラ
イフ』をモーニングで短期集中連載し、
2014年には単行本発売。『昼間のパパは光っ
てる』など。

吉野源三郎原作の『漫画 君たちはどう生きるか』が売り上げを伸ばしている。同時に、以前からの岩波文庫版、ポプラ社版、「池上彰特別授業：読書の学校（別冊NHK100分de名著）」（NHK出版）も好調だ。主人公は旧制中学2年生、15歳のコペル君。コペル君というのは、世界が天動説中心で動いていた中、一人地動説を唱えたコペルニクスからとったあだ名。自分中心の考えではなく、大きな真理をつかもうとした人として、コペル君の叔父さんがつけた。この本は、コペル君の体験や問いをもとに、叔父さんが答えていくという形になっている。

ある日、コペル君は友人がいじめられている場面に遭遇しながら助けに行けなかった自分を責めて寝込んでしまう。その時叔父さんは言う。「人間はより良い自分になろうとするからこそ苦しむのだ」と。このようなエピソードも含め、自然科学、哲学といった難しいテーマを分かりやすく書き、ものの見方、生き方を考えさせてくれる。

この本を愛する人は多く、読書人の推薦書にもよく取り上げられる。オマージュとして書かれたものに、『僕は、そして僕たちはどう生きるか』（梨木果歩）、『ぼくたちはこの国をこんなふうに愛することに決めた』（高橋源一郎）などもある。宮崎駿は次のスタジオジブリの作品の題を「君たちはどう生きるか」にすると発表した。

学校現場でも、中・高・大学の推薦図書にはこの本は必ずと言っていいほど取り上げられる。

なのに、実は、中高生の間では、そんなに人気はない。説教臭さが嫌という生徒もいた。私が読んで感動したのは20代半ばの時であった。観念論ではなく、本当に人生につまずいたり、生き方を真剣に考え始め、素直に人の声を聴かれる年齢になったりした時、この本は響いてくるのかもしれない。

今回のヒットの中には、大人からのプレゼントや学校への寄贈の形での購入も結構あるらしい。図書館では先生の関心が高いとも聞く。「コペル君はこんな叔父さんがいていいな」という感想を漏らす生徒もいた。

このヒットから学んだこと。一つは、漫画という親しみやすい形で登場したということ。それでも、叔父さんの手紙は文章、それも手書きの文章という形をとっている。そして、語り継ぐことの大切さだ。80年前の著書が時代を超えて残り、伝えられていく。それを怠ってはいけないということだ。

価値ある書物を伝えたい。目の前の子どもたちにどのようにしたら手に届くか工夫も必要だ。今手にしなくても、将来のどこかで出会う本も紹介し続けたい。

そして、コペル君の叔父さんのように、子どもに寄り添い、語りかけることのできる大人でありたい。　（高見）

瀬尾まいこ 著
『そして、バトンは渡された』
（文春文庫／文藝春秋）

血がつながってないと
親子じゃないの？

瀬尾まいこ せお・まいこ

1974年大阪府生まれ。中学校国語教師とし
て勤めながら執筆活動も行っていた。2001
年『卵の緒』で坊ちゃん文学賞大賞を受賞。
2005年『幸福な食卓』で吉川英治文学新人
賞を、『戸村飯店　青春100連発』で坪田譲
治文学賞を受賞する。2011年に退職。
2019年本作品が本屋大賞受賞。『傑作はま
だ』は離れた家族の再生の物語、『図書館の
神様』など若者を中心に温かく見守る作品が
多い。

エネルギッシュな
生き方に触発

佐川光晴 さがわ・みつはる

1965年東京都生まれ。2000年『生活の設
計』で第24回新潮新人賞受賞。2002年『縮
んだ愛』で第24回野間文芸新人賞受賞。本
作品で坪田譲治文学賞を受賞した。続編とも
いえる作品が『おれたちの青空』。ほかに
『ぼくたちは大人になる』など少年期を扱っ
た作品も多い。

佐川光晴 著
『おれのおばさん』
（集英社文庫／集英社）

子どもはある時期まで、自分の家庭で起きていることは、すべての家庭で起きていると思っている。ほかの家庭と比較するということに思い至らない。しかし、自分とはまったく違う育ち方をする主人公に、気持ちを重ねながら物語を読むことで、世界は広がり、自分を見るもう一人の自分が生まれるのではないだろうか。

　瀬尾まいこさんのデビュー作『卵の緒』は、母との絆を確認するためにへその緒を見せてほしいと頼む少年に、卵の殻を見せ、「あなたは卵から生まれたのよ」と軽やかに告げるシーンが印象的な物語だった。その瀬尾さんの最新作、『そして、バトンは渡された』は、血縁関係のない親子の物語だ。

　主人公の優子は、生まれてからたった17年の間に、名字が３度も替わっている。読み手である私たちは、いったい優子の身に何が起きたのかと大きな疑問を抱きつつ読み進める。現在一緒に住んでいる森宮さんは、優子より20歳年上で、優子の父親になれたことを楽しんでいる。しかし優子は彼を、あくまで「森宮さん」と呼ぶ。

　周囲の大人たちは、短い期間に親が替わっていく不幸な体験をした少女として優子を見るが、優子自身は自分が不幸であると感じたことがない。物語が進むにつれ優子の誕生から今日まで、優子に関わった大人たちの真実が明かされていくが、それは優しい物語でも

あった。親子は血がつながってこそという私たちの思い込みを柔らかくほぐしてくれる。

　もう１冊家族を描く物語として薦めたいのが、『おれのおばさん』だ。主人公は中学２年生の高見陽介。彼は、東京の名門私立校に通っていたが、父の会社での事件がもとで一家離散、北海道のおばさんのところへやってきた。おばさんは、北海道で児童養護施設を運営していた。初めて会うおばさんは、一人息子をエリートとして育てることを人生の目的とする母とは正反対。医者を目指し北海道大学に入学したが、演劇にのめりこみ、主演男優と学生結婚をし、北海道で商業演劇を立ち上げるも失敗、一人娘を引き取り夫と離婚し今に至る。エネルギッシュなおばさんの生き方に触発される陽介。実母に捨てられ、養子縁組をした養母からも捨てられるという過酷な経験をして施設で生活する同い年の卓也の存在も欠かせない。この作品はシリーズ化され、続編では陽介と卓也の成長が描かれている。

　続いていたはずの道が突然消えても、またそこに新たな道があり、新たな人との出会いが自分を作っていく。どちらも、若い人たちへの応援歌のような物語だ。　　　　　　　　（村上）

自分を
見つめる

岩城けい 著
『Masato』
（集英社文庫／集英社）

修学旅行に向け
異文化を考える

岩城けい　いわき・けい

1971年大阪府生まれ。大学卒業後にオース
トラリアに移住し、現在も在住。2013年
『さよなら、オレンジ』で第29回太宰治賞を
受賞し、小説家デビュー。同作は第8回大江
健三郎賞も受賞。2作目の『Masato』で、
第32回坪田譲治文学賞受賞。

現役中学生が描く
"家族"の関係

鈴木るりか 著
『さよなら、田中さん』
（小学館）

鈴木るりか　すずき・るりか

2003年生まれ。小学4年生、5年生、6年生
時に3年連続、「12歳の文学賞」大賞（小学
館主催）受賞。『さよなら、田中さん』は小
学生が主人公。続編・スピンオフ作品ともい
える『14歳、明日の時間割』は中学校が舞
台。作者は2020年現在、高校生である。

本校では1冊の本をテーマに、クラス全員で意見を交わすスタイルの読書会を行っている。せっかく全員が本を読む機会であるから、その選書には教職員の思いが託される。

ある年、中学3年の教員から『Masato』が推薦された。今まで国内だった修学旅行先がオーストラリアに変更になったため、異文化理解を促す作品を生徒に読ませたいという理由だ。この本の主人公は、父の仕事の都合でオーストラリアに移り住む。言葉の壁や文化の違いにぶつかりながら成長していく一方で、異文化になじめない母親も描かれる。

修学旅行は2週間のホームステイではあるが、生徒からは「不安」という声が上がった。読書会後には、自主的に英語の勉強をしたり、下調べをする姿が見られたりし、その選書は成功だったと言える。

中学生は難しい。思春期真っただ中の彼女たちは、日々の小さなほころびや誤解に引っかかってしまう。親を疎ましく思ったり、けんかをしたり、教室に入れなくなったり、ということも中学生に多いように感じる。そんな中学校読書会の課題図書に私が選んだのは現役中学生が書いた『さよなら、田中さん』。女手一つで育てられ、貧しくも明るい毎日を送る小学生の田中さんを主人公に、父親が犯罪者だった優香ちゃん、出来の悪さを理由に母親か

ら罵声を浴びせられた三上君などさまざまな家庭が描かれる物語だ。

「うちは平凡な家庭なので、田中さんや三上君の心理が読み取れない」と発言した生徒がいた一方で、「三上君の気持ちが分かって涙が出たよ」と私に伝えに来た生徒がいた。彼女はどちらかと言えば田中さんに近い家庭環境だ。片親で決して裕福ではないものの、本人の説得に応じ参加費のかかる図書委員会イベント（旅行）代も捻出してくれた。気が張り詰めているお母さんは厳しい節はあるが、私から見ればしっかりした家庭である。しかし、彼女はたびたび教室に入れなくなってしまう。かといって、家にも帰りたくないと言う。自分でもどうして気持ちが不安定なのか分からないようだ。私は彼女に「三上君のお母さんのこと、どう思う？」と聞いた。

「私は子どもを自分の所有物のように扱う最低な人だと思っていたけれど、『実は子ども思いなんじゃないか』と言っている人がいて、よく分からなくなった」。

言葉のチョイスが下手な親もいるだろう。ストレートな愛を重く感じる子どももいるだろう。1冊の本で劇的に何かが変わるなんて思わないが、私の選んだ本が家族との関係を見つめ直すきっかけになっていれば幸せだ。

（田中）

リチャード・ペック 著
斎藤倫子 訳
『シカゴよりこわい町』
（東京創元社）

とにかくおばあちゃんが
魅力的！

リチャード・ペック Richard Peck

1934年 ～ 2018年。アメリカの作家。1998
年発表の本作品はニューベリー賞、産経児童
出版文化賞を、続編の『シカゴより好きな
町』はニューベリー賞、3作目の『シカゴよ
りとんでもない町』はJBBY賞の翻訳作品部
門を受賞している。2001年児童文学作家で
初めて米国人文科学勲章を受章している。

自分の"問い"が
生まれるとき

石川皓章 いしかわ・ひろあき

『隔週刊つり情報』のライターとして活躍中。
釣歴は70年以上におよび、その間出会った
魚たちの撮影カット数は膨大。魚料理にも精
通し、つりと魚料理の著書も多数ある。

瀬能　宏 せのう・ひろし

1958年生まれ。農学博士。神奈川県立生命
の星・地球博物館の専門研究員。共著で『日
本産魚類検索：全種の同定』『日本の海水魚』
など。

石川皓章 著、瀬能宏 監修
隔週刊つり情報編集部 編
『海の魚大図鑑：
釣りが、魚が、海が、もっと楽しくなる』
（日東書院本社）

人は読むことで、考える道筋をたどっていく。

調べ学習を支援していると、一人ひとりの「読む」力で、その子が創造するものが違っていくのがわかる。調べでも、読書でも子どもが「読もう」と思い、読み続けて夢中になるのはどんな時か。学校司書がそのような本をつなげるとしたらどんな機会か。

修学旅行を終えてしばらくした頃、中学３年生のK君が『シカゴよりこわい町』を持って飛び込んできた。「先生、最高におもしろかった。うちの、ばあちゃんのほうが少ししとやか。最後は、泣いた」と言う。いつも「おもしろい本ありますか」と来るので、一緒に書架の前に立って１冊ずつ紹介し、いつか「これはおばあちゃんが魅力的だよ」とすすめたように思う。K君は、いつも働き者の母を気遣い、早く自立したいと話す。都内の祖母宅に行くのが楽しみとも言っていた。この本は、田舎に住みながら人と群れず、おおらかに町の事件を収める祖母を、毎年夏に滞在する孫のジョーイが語る。痛快な祖母のふるまいの向こうに、アメリカの1930年代の暮らしと、人への温かいまなざしがうかがえる。その背中を見て９歳のジョーイと妹は大人になっていく。

同じく３年生のM君は魚博士。入学当初から４類の棚では飽き足らず、『日本動物大百科６魚類』を昼休みに読み、ほかの魚の本を求めていた。新着の『海の魚大図鑑』は釣り人が登場し、巻末に学名の索引もある。M君は早速この本を見つけ、愛読書にした。カウンターで「アジ」のページを開き、私にこの魚に魅せられた日のことを話してくれた。ある日、国語の意見文の授業で来館したM君は、絶滅危惧種の記事から生物の保護について書き始めた。そして、あの大きな図鑑を抱えて「先生、これ」とページを開いて「ここ見て」とマコガレイの学名を指した。「Pleuronectes yokohamae」カレイ、ヨコハマ——昔は横浜でこの魚が捕れたのだと言う。M君は考えるヒントをつかんで、こう言った。「先生、東京湾のカレイの漁獲高の推移、どの本で探せる？」

生徒たちは、それぞれテーマを持っている。彼らの中で問いが生まれたとき、本の紹介が生きるのだろう。学校司書は「おもしろい本は？」の言葉の中に何を感じ取り、１冊の資料をどんな言葉で伝えられるか試される。言葉が届いたなら、すとんと本はその子の手に落ち着く。図書館の資料には、いろいろな時間が蓄えられている。学校司書は、資料の中に流れる時間を、未来を創っていく子どもに、たゆまず渡すのが役目だ。

（高橋）

村上しいこ 著
『うたうとは小さないのちひろいあげ』
（講談社）

高校生にとって「部活」とは
──3人で支え合ったブックトーク

村上しいこ　むらかみ・しいこ

1969年三重県生まれ。2001年『とっておきの「し」』で、毎日新聞〈小さな童話大賞〉の俵万智賞を受賞。『かめきちのおまかせ自由研究』で第37回日本児童文学者協会新人賞、『れいぞうこのなつやすみ』で第17回ひろすけ童話賞を受賞。2015年にこの作品で野間児童文芸賞受賞。その後、いじめをとり上げた小説『死にたい、ですか』を刊行。作品は、絵本から小説まで幅広い。

「やまとうたは、人の心を種として、万の言の葉とぞなれりける」

2学期の図書館はにぎやかだ。体育祭が終わると文化祭に合唱コンクールと続いていく。文化祭では図書委員が、ステージでブックトークをする。今年度は「部活」をテーマに各学年3人で1冊を選び、3冊紹介した。

2年生はS君、Tさん、U君。彼らは高校の短歌部が描かれた『うたうとは小さないのちひろいあげ』を選んだ。ちょうど国語では短歌を学習した。S君はこの頃、教室に入れない日がある。Tさん、U君はそのことをよく知っていて、なおこの本を選んだ。物語では、いじめから引きこもっていた綾美が、うた部で人と人が言葉でつながる世界に出会い、自分の居場所を知っていく。TさんとU君は昼休みや部活動後の短い時間に、図書館の隅で話し、ページを見せ合って言葉を探していった。時折私に見せ、意見を求める。S君はなかなか姿を見せない。

何とかそろったリハーサルの日、3人は壇上で未完成の原稿をたどたどしく読んだ後、図書館に集まった。Tさんは椅子の上に正座してS君に「あんたは、とにかく本を最後まで読みなさい！」と叱るように言った。U君は、2人を交互に見ている。私はうつむき加減のS君に「ここだ、と思うところに貼ってごらん」と付箋を渡した。Tさんは腕組みをして原稿用紙をにらん

でいる。下校時間間際に様子を見に行くと、Tさんは「部活とは」の箇所を一生懸命推敲していた。私がS君に「付箋を貼った？」と聞くと、彼は「うた部」顧問の言葉を読んだ。「人間なんて、自分だけでなんとかできるような器用な生きものじゃないから。人間に必要なのは、出会いと別れが、ちゃんと共存している場所なんだ。そこでいろいろな喜怒哀楽と関わっていく」。私は「この箇所も何とか入れて、最終原稿を考えよう」と伝えた。

前日の打ち合わせにはU君だけがやってきた。彼は原稿をじっと読み分担を考えて「まじか。信じられないなあ」と言いつつ帰っていった。当日、「高1の春桃子はうた部に出会います」とTさんが語り始める。続いて「桃子と、不登校になった綾美にとって部活は、〈心の支え〉となったのです」とU君は、S君の選んだ言葉も読み、最後にS君が連歌の場面を静かに語った。U君は一晩で原稿を覚えて伝え、このブックトーク全体を小さな肩で支えた。

文部科学省「平成28年度児童生徒の問題行動等生徒指導上の諸問題に関する調査」によれば、全国で不登校の中学生は10万人という。2か月間、生徒が読み合うのを見守って、中学生にとって本は今、実用書なのだと思った。「万の言の葉」が、彼らの幹を静かに育てていく可能性を教えてもらった。

（高橋）

トーベン・クールマン 作
金原瑞人 訳
『リンドバーグ：空飛ぶネズミの大冒険』
（ブロンズ新社）

遠くまで心を飛ばして

トーベン・クールマン　Torben Kuhlmann

1982年ドイツ生まれ。イラストレーター、
絵本作家。大学で、イラストレーションとコ
ミュニケーション・デザインを学び、在学中
に本作品を書き始める。20の言語に翻訳さ
れて、世界中で話題となる。その後『アーム
ストロング』『エジソン』がシリーズで刊行
されている。

一つひとつのかけらを
自分で組み合わせる

リック・リオーダン　Rick Riordan

1964年アメリカ生まれ。実力派ミステリー
作家。教師として歴史と英語を教えていたが、
息子に物語を話し聞かせるうちに作家に。
『ビッグ・レッド・テキーラ』で、シェイマ
ス賞、アンソニー賞。『ホンキートンク・
ガール』でアメリカ探偵作家クラブ賞（エド
ガー賞）最優秀ペーパーバック賞を受賞。

リック・リオーダン 作、金原瑞人 訳
**『パーシー・ジャクソンと
オリンポスの神々』**
（ほるぷ出版）
※全6巻。写真は第1巻

私は日頃、生徒が学校図書館を使って調べる学習のサポートをしている。「テーマを決め、情報を集め、取捨選択し整理して、一つひとつのかけらを組み合わせてまとめよう」――５年間このような学びを手伝って、生徒がたどっているこのプロセスは「本との出会い」にも通じる力ではないかと考えている。本と人が出会う道筋は、一言で語れない秘密な世界だ。１人の子どもが、その時期の自分にとって大事な１冊を求めることを「まとめ」とするなら、学校司書は、それまでのプロセスの一側面を間近で見守ることができる仕事だ。

Ｊ君は、物静かな中学１年生で、初め図書館の片隅で手塚治虫の本を手に取っていた。「少し読むことに困難さを抱えている」と担任に聞いていた。時々読書の相談に乗り、「読みにくい」と言ったときにはリーディングトラッカーを差し出したりした。２年生になり、「ケストナーはありますか？」と尋ねるので案内すると「母が好きなんです」と言って端から借りていく時期があった。

秋雨の降る放課後、「母が先生と話しているので居ていいですか？」と入ってきた。少し不安そうに見えたので、「絵本読もうか？」と声をかけ、隣に座って『リンドバーグ：空飛ぶネズミの大冒険』を読み始めると途中から表情が柔らかくなった。主人公の、小さい、いつも誰かに狙われているネズミが、空を飛ぶための翼を手に入れて飛び立つ場面では引き込まれていくのがわかった。ゆっくり絵を見せながらおしまいまで読むと、満足そうにほほ笑んでいた。最近、生徒は冒険を描くファンタジーには手を伸ばさない。遠くまで心を飛ばすより、身近な世界の不思議を好むようだ。しかし『リンドバーグ』は、リアルで緻密な絵と、迫力のある画面構成で壮大な物語の世界を支えている。

Ｊ君はやがて『パーシー・ジャクソンとオリンポスの神々』（全６巻）を見つけ、分厚い本を喜々として１冊ずつ借りて読んだ。ニューヨークに住む12歳の少年パーシーはある日突然、父親がオリンポスの神々の一人と告げられ、予言の神から神託を下されて、仲間と盗まれたゼウスの武器を探す旅に出る。現代にギリシャ神話の神々が登場する。Ｊ君はシリーズを読破すると、ギリシャ神話を読み、また１冊ずつ続編を読んでいった。

書物との関わり、自分が生きていくことへの問いの「一つひとつのかけら」を、自分で組み合わせて大事な本を見つけていった彼は、いつの間にか顔をあげて話をする子どもになり、卒業していった。卒業式の前に来館し「僕は絵を描いていきたい」と教えてくれた。

（高橋）

はたこうしろう 作
『なつのいちにち』
（偕成社）

ページごとに開く
心のカーテン

はたこうしろう 秦好史郎

1963年兵庫県生まれ。5歳で大阪府高槻市に移り、現在は東京都在住。絵本、イラスト、ブックデザインなど幅広く活躍。作品に『ゆらゆらばしのうえで』『しりとりあいうえお』えほん遠野物語『でんでらの』などがある。「こそあどの森シリーズ」の装丁なども手がけている。

五感に届き、心を揺さぶる

ユリー・シュルヴィッツ 作・画
瀬田貞二 訳
『よあけ』
（福音館書店）

ユリー・シュルヴィッツ Uri Shulevitz

1935年ポーランド 生まれ。1959年アメリカに渡り、2年間ブルックリンの絵画学校で学ぶ。『空とぶ船と世界一のばか』でコルデコット賞受賞。作品『あめのひ』『おとうさんのちず』などがある。東洋の文芸・美術にも造詣が深く、本作品のモチーフは、唐の詩人宗元の詩「漁翁」によっている。

自分のペースで楽しむ
DAISY

『わいわい文庫 マルチメディアDAISY図書
2017 ver. 1 - 2』
（伊藤忠記念財団）
※カズコ・G・ストーン 文・絵『ダンゴムシのコロリンコくん』（岩波書店）を収録

カズコ・G・ストーン

美術大学でグラフィックデザインを学んだ後、1973年にアメリカに渡る。作品に『おやすみクマタくん』「やなぎむらのおはなし」シリーズ全9冊などがある。ニューヨーク在住。アメリカでも絵本を刊行している。

数年前、まだ暑さが残る９月に中学校図書館前の廊下をK君と先生が通り過ぎた。かと思ったつかの間、先生が扉を開けて「ちょっと本、読ませてもらっていいですか？」と言う。特別支援学級に通うK君が、今日は落ち着かないので散歩をしているらしい。

視点が定まらない様子のK君に「なにか絵本を読もう。何がいいかな？」と書架にいく。表紙を見せながら「この絵は？」「夏は楽しかった？」と手に取ると彼は「これ」と『なつのいちにち』という絵本に決めた。少年が走っていく、セミの声の聞こえてくるようなページをめくる。K君の曇っていた顔にかすかに笑みが浮かび、それからにんまりする。しかし体調が思わしくないのか、またうつむきがちになる。表情を見ながら、焦らずにページをめくる。暗い部屋のカーテンを一つひとつ開けていくような感覚がしてくる。「見える？」「聞こえる？」K君は最後のページを閉じると、うれしそうにした。

それから私が机の端に置いた本をちらっと見るので「読もうか？」と読み始めた。『よあけ』、静謐（せいひつ）な時間が流れる絵本。顔をあげて何か思いめぐらすように聞いている。湖に朝陽がさす最後のページをめくったとき、K君の下まぶたにみるみる涙がもりあがって、つーっとしずくになってこぼれた。私は、思わず「どうした？」と聞いてし

まった。「……わからないよ」小さな声で穏やかにK君は言った。絵本の中にある何かが彼の心に響き、五感に届いている。物語が彼の心を揺さぶっている。普段は図鑑などをパラパラと読む彼に、ストーリーは届かないのではないかと勝手に思っていた私は、あふれた涙に胸を衝かれた。そして物語の持つ力を強く感じた。

これまで一斉に読み聞かせをしているとき、K君は集中するのがつらそうな日もあった。私のできることは、目を見てゆっくり丁寧に読むことと思ってきたが、違うのかもしれない。「この子のペースと要求に合う資料があるのでは」。それから、DAISY図書のことを調べて先生方に導入を相談した。

その後読書の時間にK君が「高橋先生、DAISYを読みます」と借りるようになった。そして自分の決めたペースで繰り返し、半年後、「先生！」と、担任と私を呼んだ。彼はDAISYを操作し、一話を音読し始めた。お気に入りを見つけて私たちに語ってくれたのだ。

昔、物語は石に書かれ、あるいは人から人へ口伝えで渡され、あるいは壁画になって残された。「紙でなくてもいいんだよ」。K君が、教えてくれた。

（高橋）

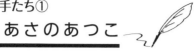

　20年以上前の『バッテリー』登場の衝撃が忘れられない。1996年刊行後、口コミで読者を増やし、野間児童文芸賞を受賞。シリーズ化もされ、ラジオ・テレビ・映画コミカライズ、と人気を博した。

　世間では何かわけのわからない世代である中学生の男の子たちを主人公として、あさのあつこは、一個人として、彼らの「自尊と自負」を生き生きと描ききった。

『バッテリー』(全6巻)
佐藤真紀子 絵
(教育画劇)

　その後、女の子を主人公とした『ガールズ・ブルー』、時代物として『弥勒の月』、SFともいえる『NO. 6』、等々、次々と世界は広がり深まっていく。短編の『練習球』は、全国SLAの集団読書テキストにもなっている。そして2020年夏刊行された『ハリネズミは月を見上げる』(「同世代の高校生から、圧倒的共感の声」本書帯より)もおすすめだ。作品は一貫して、少年少女への人間としての信頼感があふれ、彼らへの応援の声が聞こえてくるようだ。

　『バッテリー』によって、中学生は「危険な年ごろ」から「かっこいい存在」へと変わる。YA文学がこのころから増えてくる。最近のさまざまな活動、発言も含め、あさのあつこはYA文学では欠かせない存在である。

『NO.6』(全11巻)
(講談社)

『ハリネズミは
月を見上げる』
(新潮社)

2章

本の世界へいざなう

重松清 著
『小さき者へ』
（新潮文庫／新潮社）

リアルな
「父親と思春期の子ども」

重松　清 しげまつ・きよし

1963年岡山県生まれ。出版社勤務・フリーライターを経て小説家に。『ナイフ』で坪田譲治文学賞、『エイジ』で山本周五郎賞、『ビタミンF』で直木賞を受賞している。『流星ワゴン』『きみの友だち』『とんび』などYA世代を中心とした家族の物語も多く、『みんなのなやみ』（よりみちパン!セ）もある。

異色なテーマで
作家を囲んでの読書会

まはら三桃 まはら・みと

1966年福岡県生まれ。2005年『オールドモーブな夜だから』で講談社児童文学新人賞佳作。工業高校女生徒を主人公とした『鉄のしぶきがはねる』で2011年度坪田譲治文学賞と、第4回JBBY賞を受賞。同年『おとうさんの手』が読書感想画中央コンクール指定図書に選ばれた。

まはら三桃 著
『わからん薬学事始』
（講談社）

※全3巻。写真は第1巻

読者が等身大の登場人物に自身を重ねて直面する問題を乗り越えていくことは、思春期における読書の役割のひとつである。リアルタイムで作品を発信する現代作家の作品は、背景や人物の設定が現実的で説得力があり、YA図書として適切なものも多い。

　重松清はあらゆる世代に支持される作家であるが、思春期の子どもたちを主人公にした、中高生の読書にふさわしい作品も数多くある。まずは『小さき者へ』を挙げたい。有島武郎『小さき者へ』を意識した書名でもあり、中高生には、重松作品から有島作品への発展も望みたい。「父親と思春期の子ども」を中心テーマにした6編が収められている。著者自身が父親であるため、物語中の出来事やそれに伴う子どもたちの苦悩や、父親の思い・母親の対応は現実味があり、中高生の共感を呼ぶことが多い作品だ。

　この作品で読書会をすると、読み進めることにより示唆を与えられ、活力にもつながっていくと述べた生徒も多かった。一方で、中高生の読後感として、「登場人物たちのように突き詰めなくても、なんとなく学校に通い、親や友人と日々葛藤するなかで見いだしていくものはある」「すべてが平和解決で物足りなかった」という意見も出た。読了後、作品に満足しなくても、さらに読書を発展させ、深めることにつながっていく。これらの生徒に、有島作品の『小さき者へ』、重松作品『その日のまえに』『きみの友だち』を紹介したところ、そちらにも関心を示し、手にしてくれたことはうれしいことであった。

＊

　小学6年生から高校生までが集まり、まはら三桃さんを囲んで夏休み後半に、読書会が行われた。まはらさんは、現在最先端で執筆を続ける児童文学作家である。参加した中高生は、小学生のときにまはら作品に出会い、ファンになって作品を読み続けているとのことだ。本との出会いの重要さを再確認した。参加者のさまざまな感想や意見を受けて、まはらさんは「作品は読者によって成長していくと実感した」と語られた。YA図書の性格もこの発言に象徴されるように思った。

　『わからん薬学事始』は、参加した中高生の多くが読んで良かったとして挙げた作品である。理系の知識が豊富な物語であるが非常にわかりやすく楽しい。異色なテーマに中高生は著者の執筆経緯など興味をかき立てられる作品であったようで、著者への質問も集中した。シリーズ3巻まで読破しても興味は尽きずこの作品が契機となって「薬学部」を目指している生徒もいる。中高生にぜひ推薦したい作品である。

（長尾）

アーサー・ビナード 作
岡倉禎志 写真
『さがしています』
（童心社）

「もの」が語るヒロシマ

アーサー・ビナード　Arthur Binard

1967年アメリカミシガン州生まれ。1990年に来日。詩集『釣りあげては』で中原中也賞、『日本語ぽこりぽこり』で講談社エッセイ賞、『ここが家だ―ベン・シャーンの第五福竜丸』で日本絵本賞を受賞。2019年原爆の図をもとにした紙芝居「ちっちゃい こえ」を発表するなど、原爆や環境に関する活動も行っている。

岡倉禎志　おかくら・ただし

1963年東京都生まれ。日本大学芸術学部卒。ほかに『街場の鉄道遺産』（4冊）などが刊行されている。

高橋源一郎 著
『国民のコトバ』
（毎日新聞社）

憧れの作家が薦めた
「高橋源一郎の本」

高橋源一郎　たかはし・げんいちろう

1951年広島県生まれ。1981年『さよなら、ギャングたち』でデビュー。『優雅で感傷的な日本野球』で第1回三島由紀夫賞受賞。『さよならクリストファー・ロビン』で第48回谷崎潤一郎賞受賞。

2学期に入ってすぐ、司書教諭でもある国語科の先生から、「新着本コーナーから1冊お借りしています」と声をかけられた。それは、広島平和記念資料館の地下収蔵庫にある2万1,000点の中から選ばれた14点の「もの」がヒロシマ原爆投下のあの日を語る写真絵本、『さがしています』だった。中学2年生国語科の単元「壁に残された伝言」の導入として、この本を生徒たちに読み聞かせるとのことだった。授業後、生徒たちの反応について伺うと、皆その写真に注目しながら真剣に耳を傾けていたということだった。その後、図書館に戻ってきたこの本は、何度か2年生の手に取られることとなった。授業の中で先生が紹介する本は、生徒たちの「読みたい本」となることが多い。

　同じ頃、これまであまり来館することのなかった2年生の生徒から、「高橋源一郎さんの本はありますか」と尋ねられた。その時、蔵書で唯一該当する本が、高橋源一郎氏をはじめ11人の寄稿者が中高生に向けて、未来を生き抜くために伝えておきたい知見を集めたアンソロジー、『転換期を生きるきみたちへ』だった。彼が求めていた本ではなかったが、「読んでみます」と言って借りていった。数週間後、返却と、希望していた『国民のコトバ』の貸出しのため来館した彼に、「なぜ高橋源一郎さんの著書なのか」と尋ね

てみた。彼は、「憧れている作家が『若い人には高橋源一郎さんの本を読んでほしい』と言っていたから」と話してくれた。信頼する大人が、「この本を読んでみて」と紹介することで新たな本との出会いを体験する生徒の姿に、目を細めた瞬間だった。

　普段でも、読書好きな友だちに「なんかおすすめの本ある?」と尋ねている生徒も少なくはない。誰かに薦めてもらって読むということは、読書体験の少ない中学生にとって、とても大切なことだと思う。ただ、いつまでも誰かに薦めてもらわなければ本を選べないということには問題がある。自分が読みたいものは何なのか、自分にとって必要な本はどれなのかを見極め選ぶことができる、自立した読者になってほしい。そうなるための支援を学校図書館が担っていかなければならない、と痛感している。
　　　　　　　　　　　　　　　（道浦）

内田樹 編
『転換期を生きるきみたちへ』
（晶文社）

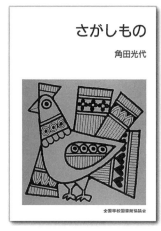

角田光代 著
『さがしもの』
（全国学校図書館協議会）

「あなたのさがしものは
何ですか」

角田光代　かくた・みつよ

1967年神奈川県生まれ。1990年「幸福な
遊戯」で海燕新人文学賞を受賞しデビュー。
1996年『まどろむ夜のUFO』で野間文芸
新人賞、2003年『空中庭園』で婦人公論文
芸賞、2005年『対岸の彼女』で直木賞、
2006年『ロック母』で川端康成文学賞、
2007年『八日目の蟬』で中央公論文芸賞受
賞、映画化された。『ツリーハウス』『紙の
月』『かなたの子』『私のなかの彼女』等、受
賞作品多数。

全国SLA発行の集団読書テキスト（中・高校向き）は、YA図書の入門図書として、大いに活用したい。そのラインナップは、日本の現在の人気作家から近現代文学の古典的な作品、さらには海外の作品まで幅広い。小説だけでなく、科学分野、歴史分野など、あらゆる分野の作品がある。20分程度で読了できる短編が集められており、読書に抵抗のある生徒も手に取りやすい。まず、学校図書館に設置することをお薦めしたい。読書会だけでなく、授業や総合的な学習の時間、LHRでの活用、学級文庫としての配置など多様な利用方法がある。

今回は、異世代間で行った読書会で好評だった『さがしもの』を紹介したい。主人公が中学生から高校生、大学生、社会人と成長していくため、どの世代の読者にも共感を得られる作品である。異世代の意見交換は読書会の醍醐味のひとつであり、この作品は、そのような読書会に特に適している。参加者は、登場人物に現在の自分を重ね、それぞれの世代で、過去や将来へ思いをはせ、経験を語り、夢を語る。そして、ほかの世代の意見に耳を傾ける。

「さがしもの」という題は読者の好奇心をかき立てる。読書会では、まず、「あなたには、今『さがしもの』はありますか？」という問いからスタートした。自身の葛藤や夢、進路などが語られる。

主人公は中学生のときに、病気の祖母から1冊の本探しを依頼される。その本探しは祖母の死後も続き、大学3年時にその書物に出会う。それは、社会人として人生を見いだすことにつながる。友人関係や両親の離婚などの人生の多くの出来事を乗り越えていく。その時々の心の動きや言葉や場面が、現実的にさらりと描かれていてYA世代をひきつける。

祖母に主人公が死について尋ねた場面では、「いつだってそうさ、できごとより考えの方が何倍もこわいんだ」という言葉で話し合いが盛り上がった。自身にかかわる問題と重ねて語り合い、世代によってさまざまな解釈が生まれた。受験を控えた生徒の「受験を不安に感じていたけれど、不合格だったらどうしようと考える方がこわいよね。今は志望校に向けて努力すればいいんだ」という意見には、中高生の多くがうなずいていた。読書会終了後は、「あなたのさがしものは何ですか」「さがしつづけよう」などのキャッチコピーができあがり、それぞれの胸のなかで「さがしもの」という人生のテーマを投げかけられた読書会となった。

角田作品に限らず、作家が若い時代に執筆した作品は、YA世代へのメッセージ性の強いものも多い。こうした作品を掘り起こし、薦めることは、YA世代の将来の読書人生につながっていくのではないかと思う。　　（長尾）

高樹のぶ子 著
『光抱く友よ』
（新潮文庫／新潮社）

揺れ続ける10代の想い

髙樹のぶ子 たかぎ・のぶこ

1946年山口県生まれ。本作品で、1984年芥川賞受賞。1995年『水脈』で女流文学賞、1999年『透光の樹』で谷崎潤一郎賞など受賞多数。著書に『百年の預言』『罪花』『fantasia』『マルセル』『ほとほと』などがある。

「自己を確立せよ」
珠玉の言葉を生きるヒントに

司馬遼太郎 しば・りょうたろう

1923年〜1996年。大阪府生まれ。1960（昭和35）年、『梟の城』で直木賞受賞。『竜馬がゆく』『国盗り物語』は菊池寛賞はじめ、多くの賞を受賞。作品はほかに『坂の上の雲』『翔ぶが如く』『花神』『関ヶ原』『功名が辻』『峠』『菜の花の沖』などがある。紀行、エッセイ、対談などの作品も多数。本作品は1989年に小学6年生の教科書のために書いたエッセイ。

司馬遼太郎 著
『二十一世紀に生きる君たちへ』
（世界文化社）

芥川賞、直木賞、本屋大賞などの賞は、さまざまな場で取り上げられ、これらを紹介することは生徒たちの生涯読書へつながるよい契機となる。今は文壇の重鎮である髙樹のぶ子の1984年の芥川賞受賞作『光抱く友よ』は、中高生の読書会で好評であった。

生活環境も性格も正反対の女子高校生の交流を描いた作品である。真面目な性格で裕福な家庭に育つ主人公が、周囲に心を閉ざし不良のポーズをとる級友に惹かれていく。本文中の「人間には辛抱できる辛さと辛抱できない辛さがある」「何が上等で何がくだらないか、何が正しくて何が間違ってるかわからん」という言葉に共感が集まり、話し合いが盛り上がった。さまざまな価値観の中で揺れ続ける10代の思いが反映された話し合いとなった。

読書会のラストで「この二人の今は？」というテーマで意見交換をした末、作者はどう考えているかを聞いてみたいと意見が出た。そこで、生徒代表が髙樹氏に質問の手紙を差し上げた。「主人公は裁判官となり、その法廷に被告として立つかつての親友がいるなどという設定も考えるが、皆さんの自由な想像がそれぞれに素晴らしい」との内容の丁寧な返信をいただいた。生徒は、作品や作者の魅力をさらに強く感じるとともに、読書の醍醐味も感じたようだ。

そして、YAの必読図書として挙げたいのが、「私は、歴史小説を書いてきた」の一文で始まる、司馬遼太郎著『二十一世紀に生きる君たちへ』だ。司馬は、YA世代に実に誠実にやさしく、わかりやすく語りかけている。

20世紀に書かれたものだが、21世紀の今だからこそ、「あなたが今歩いている二十一世紀とは、どんな世の中でしょう」との著者の問いかけに、生徒たちは立ち止まって考え、答えを模索し思考を深めることができる。読書会でも、「自己を確立せよ」「自分にきびしく相手にやさしく」「人間は自然によって生かされている」などのさまざまな珠玉の言葉が抜き出され、参加者は、今を生きることのヒントを得ていた。

司馬遼太郎の歴史小説や紀行文『街道をゆく』は、私の勤務した高校では大変人気があり、歴史への関心を深めた生徒、進路決定の鍵となった生徒もいた。偉大な作家の残した思いは、学校図書館担当者として高校生と交流してきた私の思いとも重なる。「君たち。君たちはつねに晴れ上がった空のように、たかだかとした心を持たねばなるまい。同時に、ずっしりとたくましい足取りで、大地を踏みしめつつ歩かねばならない」。 　　　　　　　　　（長尾）

道尾秀介 著
『鬼の跫音』
（あしおと）
（KADOKAWA）

リアルでぞくっとする
短編集

道尾秀介 みちお・しゅうすけ

1975年兵庫県生まれ。商社に勤めていた
2004年に『背の眼』で、第5回ホラーサス
ペンス大賞特別賞を受賞し、同作でデビュー。
2005年『向日葵の咲かない夏』。2007年
『シャドウ』で第7回本格ミステリ大賞を受賞。
2011年に『月と蟹』で第144回直木賞を受
賞。音楽活動も行っており、若者を中心に
ファンも多い。

共感——
鮮やかに、せつなく

天童荒太 てんどう・あらた

1960年愛媛県生まれ。2009年『悼む人』
で第140回直木賞を受賞。『家族狩り』で山
本周五郎賞を受賞。2000年、『永遠の仔』
で日本推理作家協会賞受賞、テレビドラマ化
もされた。他に『あふれた愛』、『少年とアフ
リカ』がある。本作品は2006年、中高生を
主な対象としたちくまプリマー新書初回発売
の書籍の1冊。

天童荒太 著
『包帯クラブ』
（筑摩書房）

司書教諭として、学校図書館にさまざまな生徒を迎えてきた。「本のソムリエ」なんていいものではないが、おすすめ本を求められることもあり、本と生徒たちがつながるのを間近で感じられる。

　夏休みは読書感想文の課題効果もあり、どこの学校でも学校図書館の利用度がぐっと上がるのではないだろうか。読書感想文については賛否両論あるが、前任校では1年次は全員課題していた。本を読んで終わりではなく、そこから自分の感じたことや考えたことを書くことによって、自分自身を見つめ、発見できる機会でもあり、彼らの価値観が揺さぶられるものを薦めたい。図書館にある本から読書感想文おすすめブックリストを作成し、毎年少しずつ更新していた。痛快で人生を楽しむことを教えてくれる本や、進路を意識する刺激となる本を薦めたこともある。

　生徒たちの要望で最も多いのは「読みやすい本」だ。映画化・ドラマ化されたものでも彼らが読みにくいと感じるものもある。読みやすさは、表現よりも内容への共感性が影響する。現実味のある会話、一人ひとりの関心にどこまで添えるか。読書は本との対話だ。基本的には、一人きりでするものだけれど、登場人物と一緒に世界を体感したり作者の言葉が胸に迫ってきたりと、常に誰かとつながっている。今回紹介するのは、読書感想文ブックリストを中心として彼らから思いがけない反応のあったものである。

　長い話は苦手だけれど、リアルでぞくっとする話を読みたいという〇君にすすめたのは、道尾秀介の『鬼の跫音』だ。楽しい話ではないが、どの話から読んでもかまわない短編集で、読後も心理的にぞわぞわする作品である。ミステリータッチのこの著者の作品はどれもまだ読んでいないであろうと考えて、内容については詳しく語らず紹介した。怖くて途中でやめられなくなった、読むことが苦にならなくなったという彼は、自ら東野圭吾や湊かなえなどにも読書の幅を広げていった。

　天童荒太の『包帯クラブ』は等身大の高校生たちが魅力的な作品だ。映画化もあって、読むことに苦手意識を持っている生徒も比較的手に取りやすかったようだ。空に翻る白い包帯が鮮やかでせつない物語で、等身大の子どもたちが描かれている。読後、なじみのない方言での会話もしばらく流行した。

　人は日々変化するものだが、高校生は実に大きな変化を見せてくれる。彼らは今どんな本に出会っているのだろうか。想像するだけでも楽しい。3年間での成長は著しく、さまざまな可能性を持っている。高校生が成長していく姿はまぶしく、彼らの傍にいられることを幸せに思う。　　　　（赤澤）

村上春樹 著
『**海辺のカフカ（上・下）**』
（新潮社）
※全2巻。写真は上巻

違和感と心地よさに
浸りながら

村上春樹　むらかみ・はるき

1949年京都府生まれ。1979年『風の歌を
聴け』で群像新人文学賞を受賞しデビュー。
1987年発表の『ノルウェイの森』が大ベス
トセラーとなり、国外でも人気が高く海外で
の受賞も多い。エルサレム賞受賞時のスピー
チは大きな話題となった。『羊をめぐる冒険』
『世界の終わりとハードボイルド・ワンダー
ランド』『ねじまき鳥クロニクル』『1Q84』
『騎士団長殺し』などがある。

作家が物語の作中で
本を手渡す

小川洋子　おがわ・ようこ

1962年岡山県生まれ。1988年『揚羽蝶が壊
れる時』で海燕新人賞を受賞。1991年『妊
娠カレンダー』で第104回芥川賞を受賞。『博
士の愛した数式』は青少年読書感想文全国コ
ンクール課題図書、第1回本屋大賞にも選ば
れた。『アンネの日記』に心揺さぶられ作家
を志し、『アンネ・フランクの記憶』を書い
ている。作品はほかに、『冷めない紅茶』など。

小川洋子 著
『**ミーナの行進**』
（中公文庫／中央公論新社）

リアルタイムでその作品を読めることの幸せを感じられる作家は、何といっても村上春樹だろう。世界中のファンがその出版を心待ちにしている。翻訳という手続きを通さねば、彼の作品を読めない外国人の友人たちから、「日本人であること」をうらやましがられるというのは、他の作家にはないことだ。YA世代に、ちょっと背伸びして１冊は読んでほしい彼の作品。春樹作品には珍しい、主人公がYA世代である『海辺のカフカ』を薦めたい。

主人公の田村カフカは中学３年生。15歳の誕生日に家出をし、東京から四国へと高速バスで向かう。少年の居場所となるのは、私設図書館。雑誌で見てあこがれていた場所だ。私が学校図書館のカウンターにいて、昼休みや放課後に閉館時刻を告げると「ここにいさせてよ！」「ここに住みたいなぁ！」生徒たちは口々に言った。今では、本に囲まれて「泊まれる図書館」というホテルもある。

この作品は２つの話が交錯するパラレルワールドだが、図書館で２つの話がつながることになる。作品に登場する大人たちがまたいい。常識にとらわれない感性を持った人ばかりで、そこに読者は、違和感と心地よさという相反する感覚を持つだろう。２つの話が交互に出てくることに頭がついて行かない場合は、１つの話だけを続けて読むという手もある。そうして２つがつ

ながったときに「ああ！　そうか」という感動を味わってもらうのもいい。

この作品と合わせて読んでほしいのが、小川洋子『ミーナの行進』だ。『海辺のカフカ』へのオマージュとも言われているこの作品は、岡山の家から兵庫の芦屋の叔母一家の家に預けられた主人公朋子の、中学１年生の時の話だ。病弱な従妹ミーナの代わりに図書館へ本を借りに行く朋子は、そこですてきな男性司書に出会う。この図書館のモデルとなった旧芦屋市立図書館は、石造りの荘厳な建物であり、子どもの頃の村上春樹が自転車で足しげく通った場所でもある。

両作品に出てくる気になるタイトルを読んでみるのも面白い。物語の中でさりげなく出てきた本に、ぐっと心ひかれる１冊が入っていることもある。著者は何らかの意図があって、作中に実在の本を入れているのだと思う。１冊の本からあちこちに伸びる何本もの触手が、それぞれにまた１冊の本を持っている画像が頭に浮かんでくる。たまにその触手の１本に捕らえられてみるのもまた、読書の楽しさかもしれない。

友人、司書や教員から直接手渡された本と同じように、作家が作中で手渡してくれた本は、次に読む本の手がかりになるのだ。　　　　　　（山本）

矢川澄子 著
『わたしのメルヘン散歩』
（ちくま文庫／筑摩書房）

物語を享受するよろこび

矢川澄子 やがわ・すみこ

1930年〜2002年。東京都生まれ。作家、
詩人、翻訳家。詩集に『ことばの国のアリ
ス』、エッセイ集に『静かな週末』、詩画集に
『はる　なつ　あき　ふゆ』、小説集に『受胎
告知』、翻訳に『おばけリンゴ』『ぞうのバ
バール』シリーズ、『ねずみのティモシー』
など多数。没後「不滅の少女」と称された。

卒業生に手渡せた
珠玉の物語集

エリナー・ファージョン Eleanor Farjeon

1881年〜1965年。イギリスの詩人、作家。
『リンゴ畑のマーティン・ピピン』で作家と
しての地位を確立。子どものための27の物
語を収めた「本の小べや」と名付けた自選短
編集で、カーネギー賞と第1回国際アンデル
セン賞を受賞。本作品は岩波少年文庫として
も刊行されている。

エリナー・ファージョン 作、石井桃子 訳
エドワード・アーディゾーニ 絵
『ムギと王さま』
（岩波書店）

放課後の図書館、カウンターでは常連のＳさんが、話題作が面白かったと頬を赤くして、「映画になりそうですね。最近すぐ映画になりますよね」と私に語る。奥の机に集まった２年生図書委員たちはポスターを書き、「あのシーンをもう一度活字で読もう」と呼びかける。「みんな映画やドラマは見るのだから、物語は好きなんだよね」と言う。

その時、入り口の扉が開き卒業生のＭさんがはにかんだ笑顔を浮かべて入ってきた。今日は学校公開日、去年の春卒業して初めて訪ねてきた。「ずっと、ここに来たくて」と言う。彼女の近況を聞くと、「高校は蔵書や検索の環境が素晴らしい」と答えた後で、「司書の先生とはまだ話せない」と言った。

それから、Ｍさんはゆっくり書架の間を歩き、１冊また１冊と棚から本を取って読み始めた。そばに行くと「これは、１年生の時読んで……」「これは……」と慈しむように、開いている。その静かな繰り返しの動作は、私を神聖なものを見ているような気持ちにさせた。

奥では図書委員たちの「映像と原作」の話が続く。「『西の魔女が死んだ』の魔女はどこか人間でない、想像の中の不思議な存在でいてほしい」「『DIVE!!』の飛び込みのシーンは、映像の迫力があったよ」。

物語を享受するとはどういうことなのか。私は自身が数日前に読み返した矢川澄子著『わたしのメルヘン散歩』をふと思いだした。19人の児童文学者を取り上げた評論で冒頭は次のように始まる。

――本とはふしぎな王国だ。そこにはこの世のありとあらゆるものごとが生きながらにとじこめられている。

矢川は続いて、イギリスのアンデルセンと称されるエリナー・ファージョンを「物語を食べながら」という副題で紹介していた。私は、書架に行ってファージョンの作品集から『ムギと王さま』を取ってＭさんに差し出した。空想と現実の境を豊かな想像力で飛び越える作家の自選短編集である。収められた27の物語は、どれもユーモアと普遍性を持ち、描かれた時代を超えて深く心に響いてくる。そのまえがき「本の小部屋」のページを、彼女は動きを止めてじっと読む。そこにはこう書いてある。

――本なしで生活するよりも、着るものなしでいるほうが、自然にさえ思われました。そして、また本を読まないでいることは、食べないでいるのとおなじくらい不自然に。

Ｍさんは「先生、これ……わかる」と顔を上げた。物語が必要なＭさんに、卒業した後やっと手渡せた。こんな渡し方もあるのだと初めて知った。

（高橋）

森鷗外 著
井上靖 訳
山崎一穎 監修
『舞姫：現代語訳』
（ちくま文庫／筑摩書房）

「なあ、『舞姫』ってある？」
「これやろ」

森　鷗外 もり・おうがい

1862年 ～ 1922年。島根県生まれ。近代を
代表する作家で、翻訳家、評論家、陸軍軍医、
官僚でもあった。東京博物館の初代館長も務
めた。本作品は、鷗外自身の留学体験とも重
なり、高校国語教科書の定番である。『ヰ
タ・セクスアリス』『青年』『阿部一族』『高
瀬舟』など。故郷津和野と三鷹市禅林寺に
「森林太郎墓」はある。

きっかけがあれば
文豪の作品も

福田和也 ふくだ・かずや

1960年東京都生まれ。文芸評論家。慶應義
塾大学環境情報学部教授。1993年『日本の
家郷』で三島由紀夫賞受賞。ほかに『悪女の
美食術』『昭和天皇』など著書多数。文壇、
論壇、アカデミズムばかりでなく、雑誌やラ
ジオ、テレビなど各種メディアで幅広く活躍
する。

福田和也 監修
『「文豪」がよくわかる本』
（宝島社）

「なあ、『舞姫』ってある？」よく昼休みに来館する中学3年の生徒A君に聞かれた。私はカウンターでほかの生徒の対応をしながら、「それなら、入り口の棚に……」と言いかけたとき、あとから入ってきたB君が、「これやろ」とA君に1冊の文庫本を手渡した。『舞姫：現代語訳』（ちくま文庫）である。A君がこの日返却したのは芥川龍之介の『地獄変』で、その前は夏目漱石の『こころ』だった。A君に文庫本を渡したB君の返却本の中にも漱石作品があった。

　この春から神戸市の中学校に勤務することになったが、前に勤めた横浜市の中学校にもA君やB君のような日本の近代文学、いわゆる「文豪」の作品を好んで読む生徒がいた。彼らは、『文豪ストレイドッグス』（KADOKAWA）というコミックがきっかけだったようだが、A君は違っていた。ミニ展示のつもりで、文豪作品と一緒に配架した『「文豪」がよくわかる本』（宝島社）を見て、そこに載っている小説が読みたくなったらしい。それは、坪内逍遙から三島由紀夫まで50人の文豪たちのプロフィールや代表作のあらすじはもちろん、趣味や特技、恋愛観まで掲載されている本である。A君はB君から文庫本を受け取り、すぐにカウンターで手続きをして借りていった。1週間後の返却日、私はA君に、「どうだった？」と聞いてみた。「面白かったよ」と彼は答えて、書架の方へ歩いていった。

　彼が読んだのは、井上靖が現代語訳した『舞姫』だが、1890年に出された森鷗外のデビュー小説は、スマートフォンやインターネットが当たり前の今の中学生にも「面白い」と言わせる作品であるのは確かだ。高校の国語教科書の定番であり高校でもこの訳本は人気だと聞くが、中学生でも十分共感できるのだ。

　古いから分からないだろう、言葉が難しくて読まないだろうと先入観を持ってはいけない。何かのきっかけがあれば、子どもたちは抵抗なく、古典と呼ばれる作品を手に取ることがある。そして、こうやって文化は受け継がれ、また次の世代へと手渡される。A君がどこまで、主人公太田豊太郎の苦悩を理解できたかは分からないが、彼が将来大人になって、再びこの小説と出会ったとき、更に深い読書を体験するだろう。そしてその読書体験が彼の人生を豊かなものにするだろう。

　この日、A君の次にカウンターへやってきた1年の生徒が手に持っていたのは、『走れメロス』だった。彼女も文化継承の担い手のひとりとして歩みはじめたのかもしれない。

（道浦）

ダニエル・キイス 著
小尾芙佐 訳
『アルジャーノンに花束を』
（ハヤカワ文庫／早川書房）

色あせず若者の心に
寄り添い続ける本

ダニエル・キイス　Daniel Keyes

1927年〜2014年。アメリカの作家。ブ
ルックリン・カレッジで心理学を専攻し、卒
業後SF雑誌の編集に携わりながら、創作を
開始。『アルジャーノンに花束を』の原型と
なった同名の中編で1059年にヒューゴ賞を、
長編化した同作品でネビュラ賞を受賞。本作
品は映画、TV、舞台化もされている。
2000年、アメリカSFファンタジー作家協会
から名誉作家の名誉を授与された。

私は現役司書教諭時代、国語の授業の初めに1冊の本を紹介していたのだが、年代が違っても、生徒たちに人気が高かった本の筆頭が『アルジャーノンに花束を』であった。

あなたは、手術によって頭をよくしてあげようと言われたら、その手術を受けるだろうか？　この物語の主人公は、32歳で幼児の知能しかないチャーリー。彼は賢くなりたい一心で手術を受け、賢くなる。学校の先生よりも、手術してくれた医師よりもIQが上がり、世界のさまざまな言語の難しい学術語も理解できるようになる。でも彼はそれで幸せになったのだろうか。彼が賢くなって初めて理解したことは「自分は今まで馬鹿にされていた」ということ。親切だったパン屋の仲間は離れていき、恋を知っても、知的レベルの差が二人をぎこちない関係にさせる。従順だった彼も、自由を求めて科学者たちに反抗し、愛と性と生の現実につまづき迷うようになる。

しかし、この実験は知能を上げるだけでは終わらず、先に手術を受けたネズミのアルジャーノンが奇妙な行動をとるようになり、チャーリーも、今度は少しずつ知能が下がっていくのだ。まるで、年とともに確かだった記憶が少しずつ衰えていくように。アルジャーノンは、チャーリーにとっても一人の自分、唯一無二の親友だ。物語の最後は、誰しも涙なくしては終われない。「泣ける本」を求めてくる生徒に渡したりもする。

この本を紹介すると、読んだ者が友人に伝え、その人がまた次へと、口コミで読書が広がっていく。この話は1959年に書かれたサイエンスフィクション（SF）だ。このSFが色あせず今も多くの若者を引きつけているのはなぜだろう。

成績のことは常に生徒たちの悩みの種だが、「賢くなる」とは人間にとってどんな意味を持つのだろう。自由って一体何なのか。愛とは、友情とは？

青春時代に抱え持つ悩みや葛藤が、まるで現実の自分自身の問題として、科学とヒューマニズムをからめ、人間の喜びや悲しみや怒りとともに繊細に書かれているからにほかならない。

著者のダニエル・キイスは、ほかに多重人格を扱った『24人のビリー・ミリガン』や『五番目のサリー』なども書いており、ダニエル・キイス文庫としてまとめられてもいる。『ジキルとハイド』もそうだが、一人の人間の中にはいろいろな自分がいて、多重人格というのも他人事ではない。

ダニエル・キイスは心理学者でもある。中・高校生時代は人生で最も自我意識が強く悩む時期でもあり、中・高校の図書館は1類（哲学）の本の貸出しが結構多いことにも通じるだろう。青春真っ只中の中高生に寄り添う本である。

(高見)

ベッキー・アルバータリ 作
三辺律子 訳
『サイモンvs人類平等化計画』
（岩波書店）

みんな平等に
カミングアウトすれば
いいじゃないか

ベッキー・アルバータリ　Becky Albertalli

アメリカジョージア州アトランタ生まれ。臨床心理学者。本作品で、優れたYAのデビュー作に贈られるウィリアム・C・モリス賞を受賞。2018年に「Love，サイモン17歳の告白」として映画化された。

自由を求め逃亡する
奴隷少女

コルソン・ホワイトヘッド　Colson Whitehead

1969年生まれ。ニューヨーク在住。ハーバード大学卒。1999年最初の長編を発表。本書は第6作目の長編で2016年に刊行。ピュリッツァー賞など7つの賞を受賞した。当時40言語での刊行が予定され日本では2017年刊行。

コルソン・ホワイトヘッド 著
谷崎由依 訳
『地下鉄道』
（早川書房）

海外文学に手を伸ばす中学生が減っている。これは中学校の学校司書をしている私の実感なのだが、どうやら多くの学校に共通して見られる現象らしい。感受性豊かな中高生にこそ、優れた海外文学を手渡したい。読み継がれた名作はもちろんだが、海外で読まれている旬の作品も手渡したい。

　そんな思いで選んだ１冊が、『サイモンvs人類平等化計画』だ。主人公サイモンは、愛すべき家族と友人に恵まれた、運動は苦手だが、演じることが好きな17歳。正体不明のブルーに惹かれている。ある日、思い切ってブルーにだけ自分がゲイであることを伝えるが、そのメールを、クラスメートのマーティンに見られてしまう。ゲイであることを知られることを恐れているわけではないが、なぜゲイだと宣言する必要があるんだ？　サイモンはブルーとのやりとりのなかで、みんな平等にカミングアウトすればいいじゃないかと言い出す。それこそが人類平等化計画！

　この物語の魅力は、サイモンがゲイであることを特別なこととして描いていないところだ。信頼関係が築けていれば、その関係が崩れることはない。後半は、サイモンとブルーのピュアな恋物語が描かれる。

　翻訳文学のもうひとつの魅力は、すでに海外で評価の高い本が、日本語で読めることだろう。2017年に出版された『地下鉄道』は、すでにアメリカでは数々の賞を受賞し、映像化も決定しているという。「地下鉄道」は、アメリカ南北戦争以前に実在した奴隷解放のための地下組織を意味する。当時本当に地下鉄道が走り、逃亡奴隷たちを運んだという虚構の設定のもとに黒人の少女コーラのたどった想像を絶する日々を一気に読ませる。1850年当時、南部は、綿花という巨大な産業から富を生み出すために、大量の黒人奴隷を必要としていた。奴隷は白人たちの持ち物に過ぎない。過酷な労働のもと、黒人たちの多くは、思考停止に陥り、気まぐれに主人から与えられるわずかな楽しみを貪る。

　しかし、コーラとシーザーは違った。２人は真の自由を求め、北部へと続く地下鉄道を目指し、逃亡を図る。見つかればつるし首が待っていることを承知で。地下鉄道は虚構でも、コーラを待ち受ける数々の不幸は、この時代に本当にあった出来事である。

　歴史を下敷きに書かれた骨太な物語をぜひ中高生にも手にとってほしい。海外翻訳文学の紹介にも力を入れていきたいと思っている。　　　　（村上）

辻村深月 著
『オーダーメイド殺人クラブ』
（集英社文庫／集英社）

「私を殺してほしい」
中学生のアンは頼んだ

辻村深月 つじむら・みづき

1980年山梨県生まれ。2004年『冷たい校舎の時は止まる』で第31回メフィスト賞受賞。『ツナグ』で第32回吉川英治文学新人賞を、『鍵のない夢を見る』で、第147回直木賞を受賞。『かがみの孤城』で本屋大賞受賞。作品はほかに『凍りのくじら』『ぼくのメジャースプーン』『ハケンアニメ！』、瀬戸内海の島を舞台に高校生たちの進路や友情・恋を描いた『島はぼくらと』など。今最も人気のあるYA作家のひとり。

不登校の少女が
呼び寄せられた空間

辻村深月 著
『かがみの孤城』
（ポプラ社）

学校図書館の良さは、その年齢にフィットした本が豊かに取りそろえられていることだと思う。中学校図書館は、中学生のための専門図書館とも言える。その蔵書づくりに関わる学校司書・司書教諭に向けて私が紹介したい1冊は、『オーダーメイド殺人クラブ』だ。著者の辻村さんは、『冷たい校舎の時は止まる』（2004年）でデビューし、初期の作品は高校生を主人公にしたものが多い。その彼女が、初めて中学生を主人公にした作品だ。

　主人公の小林アンは、『赤毛のアン』の世界が大好きな母に、その理想を押し付けられ辟易（へきえき）している地方の中学2年生。学校では仲良し3人組を演じているが、本音を言えば、空気を読みながらの付き合いは煩わしい。アンの楽しみは、殺人事件の新聞記事を切り抜き、スクラップすること。しかしそのひそかな楽しみすら、母親に知られてしまう。厭世（えんせい）的気分に陥ったアンは、クラス一の変わり者、徳川に、「私を殺してほしい」と頼むのだ。

　タイトルからも、ここまでの内容紹介からも、学校図書館の蔵書としてふさわしいのかと、ためらう方もいるかもしれない。しかし、このような物語を必要としている生徒は必ずいる。「すごく面白かった！　こんな本、他にはないですか？」と生徒から聞かれたのは一度や二度ではない。辻村さん自身も、学校生活に息苦しさを感じる生徒だったという。それだけに、少々あっけない物語の結末にも、思春期特有の生きづらさを感じる子どもたちへの温かいまなざしを感じた。

　同じ著者の『かがみの孤城』も中学生を描いた作品だ。

　安西こころは、中学入学早々、クラスの中心的女子から陰湿な嫌がらせを受け、学校に行けなくなってしまう。ある日、部屋にこもるこころの目の前で突然鏡が光りだす。鏡を通り抜けた先で、狼の面をつけた少女＝オオカミ様と、6人の中学生に出会う。自分たちは何のために、この不思議な空間に呼び寄せられたのか？　悩みを抱えた少年少女は、現実の世界と鏡の城を行き来しながら、お互いの距離を縮め、新たな事実に気づいていく。ミステリーとしての面白さも加わり、一気に最後まで読ませるが、細部を確かめるため、もう一度読みたくなる。

　著者は、「不登校」というひとくくりにされた言葉だけでは見えない一人ひとりの苦しさに寄り添い、さらに、彼らを救うべく奮闘する大人が確実にいることを伝えている。

　いい作品に出会うと、中学生の感想が聞きたくなる。今回は、中学3年生のTさんにお願いしてみた。Tさんの評価は◎。きっと、これからたくさんの中学生に読み継がれていく大切な1冊になるに違いない。　　　　（村上）

海老原靖芳 著
『軽井沢のボーイ』
（牧野出版）

自校の先輩が書いた
愛犬との日々

海老原靖芳 えびはら・やすよし

1953年長崎県生まれ。放送作家。主にお笑い番組を手がけ、コント赤信号、ザ・ドリフターズ、とんねるず、などのコント台本やNHKで放送された「お江戸でござる」、なんばグランド花月の「吉本新喜劇」の脚本を執筆した。

愛犬ボーイとの出会いから別れまでを必死に書き留めた、海老原靖芳『軽井沢のボーイ』を取り上げたい。

バブル期を知る世代なら誰もが知っている「巨泉×前武　ゲバゲバ90分！」をはじめとする数々のお笑い番組を手掛けた放送作家である著者は、私の住む長崎県佐世保市の出身である。この本の出版当時（2006年）、彼の母校の中学校に私は勤務していて、この本が、サイン入りで母校に送られてきたのだ。さっそく読んで、その切なさを共有したいと、全学級に1冊ずつ購入し、朝読書用のコンテナに入れておいた。先輩の作品であるとともに、中学生にも読みやすいことから大勢の生徒が読んだ。「これいい！」「ボーイに会ってみたかったなぁ」「うちの学校にもこんな先輩がいるってうれしい」読んだ生徒が次の生徒に薦め、読書の輪が広がっていった。

海老原さんは、還暦を機に妻と共に佐世保へ戻って来た。佐世保の子どもたちに日本の文化を広めたいと「かっちぇて落語会」（「かっちぇて」は佐世保弁で「仲間に入れて」の意）を結成し、創作落語の指導に当たっている。小学生から高校2年生までの子どもたちは、海老原さんが書いた主に佐世保ネタの落語を覚え、落語家たちの前座を務める。寄席などあるはずのない地方都市に、年に2回、一流の落語家を連れて来てくれる海老原さんは、感激

屋だ。年末の落語会では、林家正蔵師匠が太鼓と三味線に合わせて「奴さん」を踊ってくれたことに感激して涙していた。人柄がにじみ出る心優しきジェントルマンだ。そんな彼が愛犬ボーイと、どんな暮らし方をしていたかは、想像に難くないだろう。

そういえば私が高校2年生の夏、村上龍が芥川賞を取った。『限りなく透明に近いブルー』という印象的なタイトルだった。「お前たちの先輩が芥川賞を取ったぞ」四国への修学旅行のバスの中で、その朗報を知り、わーっとみんなで拍手をして盛り上がった。同じ著者の『69』は、母校がそのまま舞台であり、学生紛争当時の高校生の様子が生き生きと描かれている。在学中だった長男が朝読書用に私の本棚から選び学校に持って行き、「やばい、この本は朝読書に向かない」と、読みながら笑いをこらえるのに必死だったと言っていた。

2017年の直木賞受賞作品、佐藤正午『月の満ち欠け』も同じく高校の先輩の作品であるが、ここ3年長崎県を出ていない彼が、東京駅ステーションホテルの喫茶室の様子をあれほどまで鮮明に書けることに、作家の力を感じた。2018年の映画『坂道のアポロン』の原作者小玉ユキも同窓である。郷土や学校の卒業生や先輩の本は、生徒も親しみがわき好評だ。学校図書館にも入れ生徒に紹介したい。　　　（山本）

北村薫 著
『八月の六日間』
（角川文庫／KADOKAWA）

一人歩きの山で
思いがけない出会い

北村　薫　きたむら・かおる

1942年埼玉県生まれ。高校教師をしながら執筆を開始。1989年『空飛ぶ馬』でデビュー。1991年『夜の蝉』で日本推理作家協会賞受賞。2006年『ニッポン硬貨の謎』（評論・研究部門）で本格ミステリ大賞受賞。2006年『鷺と雪』で直木賞受賞。高校生が主人公の『スキップ』は、映像化や舞台化もされた。他に「円紫さんと私」シリーズ、アンソロジー、エッセイ、評論など幅広い。

廃部寸前の「古典部」で
謎解き

米澤穂信　よねざわ・ほのぶ

1978年岐阜県生まれ。2001年『氷菓』で第5回角川学園小説大賞奨励賞（ヤングミステリー＆ホラー部門）を受賞。2011年『折れた竜骨』で第64回日本推理作家協会賞、2014年『満願』で第27回山本周五郎賞を受賞。作品はほかに『インシテミル』『王とサーカス』『いまさら翼といわれても』高校図書委員を主人公とした学園ミステリー『本と鍵の季節』などがある。

米澤穂信 著
『米澤穂信と古典部』
（KADOKAWA）

中高生に読み継いでほしい作家の一人に北村薫さんがいる。個人的には〈円紫さんと私〉シリーズが好きなのだが、以前ほどは読まれなくなっている。『八月の六日間』も面白いよと友人の司書さんに言われ、読んでみた。物語の主人公「わたし」は女性編集者。副編集長という立場になり、使えない編集長と部下の板挟みになる日々にストレスを募らせていた時、同僚に山歩きに誘われる。何気なく踏み込んだ涸れ沢で、自然の織りなす美しさに圧倒され、山から差し出された手をしっかりと握ってしまう。以来、山歩きの本を片手に少しずつ実力をつけ、仕事の合間に一人山に登る日々が続いている。登る前には、必ずリュックに、自分へのご褒美のお菓子とそして山小屋で読む文庫本をセレクトする。毎回、山では思ってもみない突発的な出来事と、思わぬ人との出会いが描かれ、読後感は実に爽やか。

夏休み前、課題の本を借りにきた林間学校明けの２年生に、なにげなく「山はどうだった？」と聞いてみたら、目をキラキラさせて、「すごく良かったです！」と。これは絶好のチャンスとばかり、「読んでみない？」と新刊を差し出してみた。夏休み明け、「とっても面白かったです。あの後、家族でも山に行ったんですよ！」と報告してくれた。以来、時々カウンターで本の話をするようになった。

ファンタジーが苦手だった子どもが本を好きになるきっかけがミステリーということはよくある。男の子に薦めて当たり！　なのが、米澤穂信さんの作品だ。映画化もされた『インシテミル』も人気だが、私が薦めるのは、高校生が日常の謎を解く「古典部」シリーズだ。第１作の『氷菓』が2001年に出版されて以来、シリーズ化されている。姉のたっての願いで廃部寸前の"古典部"に入部した折木奉太郎がこの物語の主人公。普段は省エネ志向で、「やらなくていいことはやらない。やらなければならないことは手短に」がモットー。それが古典部の仲間たちといると、いつのまにか謎解き役を引き受けてしまうのだ。奉太郎をとりまく古典部のメンバーもまた、派手さはないが、それぞれに魅力的な描かれ方をしている。最新刊の『米澤穂信と古典部』は、書き下ろしの短編や著者インタビュー、対談、古典部の徹底分析など盛りだくさん。古典部の４人の本棚紹介も楽しい。そして、対談のトップが実は北村薫さんなのだ。米澤さんが古典部シリーズを書くきっかけが、北村さんの『六の宮の姫君』というのも納得。

新学期は、新入生に向けて日常の謎を扱ったミステリー特集を組んでみようと思う。　　　　　　　（村上）

山口晃 著
『ヘンな日本美術史』
（祥伝社）

絵描きの視点で、斬新に

山口　晃 やまぐち・あきら

1969年生まれ。2001年に岡本太郎記念現代芸術大賞優秀賞を受賞。2013年に『ヘンな日本美術史』で第12回小林秀雄賞を受賞。2012年には平等院養林庵書院に襖絵を奉納。幅広い制作活動を展開している。

思わず手にとる
キュートな紙面構成

葉住直美 はすみ・なおみ

1977年生まれ、盆栽家。秦野市にある弟が営む盆栽園「宝樹園」を手伝うなか、2014年に「Bonciao Gallery」をオープン。展示販売や講習会を通じて、盆栽のある暮らしを提案。著書に『いちばんやさしい苔盆栽と豆盆栽』がある。

ザ・ハレーションズ

ライター、デザイナー、イラストレーターからなる3人の創作ユニット。ほかに、『かぎ針で編むモチーフデザインBOOK』などがある。

葉住直美、ザ・ハレーションズ 著
『I LOVE 盆栽』
（エムディエヌコーポレーション）

本校では、携帯小説が大好きで県立図書館から定期的に取り寄せている生徒もいれば、放課後に禁帯出の漫画をまとめ読みしていく生徒、新着図書コーナーの絵本やレシピ本を目ざとくチェックしていく生徒もいるが、日常的によく本を読んでいる生徒はそんなに多くない。多くの実業高校では、部活動時間が長いことに加え、放課後や土日にも当然のように実習があって、読書時間を確保しにくくなっている。スマートフォンを所持する生徒が増えSNSやゲームに時間を取られているというのに、だ。

　今回は、9類以外で、想像していたよりも生徒の反応が大きかった本2冊を紹介したい。どちらも、アーティスティックで楽しみながら空間美を意識することのできる本である。

　まずは、巧妙な仕掛けとユーモアにあふれた作風で知られる山口晃の『ヘンな日本美術史』。著者は成田国際空港のパブリックアートやCDのジャケットデザイン、書籍の挿絵なども手がけている。絵描きの視点から語られる日本美術史は斬新で、予備知識がなくても楽しめ、絵画の魅力を語る語彙も増える1冊だ。構成の見立てや陰影、ラインの取り方についても触れているのはさすがである。とりわけ、井上雄彦の漫画『バガボンド』から日本の絵画に興味を持ったという生徒は、この本にそそられたようだ。絵画に焦点を絞った「日本美術史」から、地理や歴史の分野にも関心を向け、先人の画業を知ることができるのは、高校生にとって大きな知的財産となるに違いない。

　2冊目は、デザイン本としてもすてきな『I LOVE 盆栽』。6類の本だが、キュートな紙面構成に造園デザイン科以外の生徒も学年を問わず反応した。小さきものの愛らしさは「枕草子」にも語られており、その細やかさには作家の魂が感じられる。わずか5㎜の鉢や草木の引き立て役となるさまざまな添配にも、里山の風景や世界観が表現され、絶妙な手工芸の技を見せてくれる。全体の配色がよく、ズームアップしたり角度を変えたりしての見せ方にも遊び心がある。また、実物の盆栽のみならず、巻きずしやビーズ刺しゅう、ネクタイ、しょうゆ絵皿、椅子、LINEスタンプなども紹介され、生徒もその創意に驚きの声を上げていた。インテリアとして生活にミニ盆栽や苔玉が取り入れられてきているが、その見どころやバリエーションを楽しみながら知ることのできるこの本はイチオシである。

　今年度、生徒たちはどんな本から刺激を受けるのだろうか。学校図書館で見せてくれるリアルな反応が楽しみだ。

（赤澤）

神田桂一、菊池良　著
『もし文豪たちがカップ焼きそばの
作り方を書いたら』
（宝島社）

パスティーシュがひらく
文学の扉
──SNSで拡散され
ベストセラーに

神田桂一　かんだ・けいいち

週刊誌『FLASH』の記者を経て、フリーラ
イター・編集者として活動している。作品は
ほかに『お〜い、丼』などがある。

菊池　良　きくち・りょう

公開したWebサイト「世界一即戦力な男」
が書籍化、ドラマ化された。Webメディア
の企画、執筆などの活動をしている。

2018年本屋大賞には、辻村深月著『かがみの孤城』が選ばれた。実はこの本、2月に発表された「埼玉県の高校図書館司書が選んだイチオシ本2017年版」でも1位に輝き、辻村先生から高校生に「『かがみの孤城』は学校や家に居場所をなくした子供たちの話ですが、学生時代の私にとって、どんな時でも自分を受け入れてくれた場所が図書室でした。今、同じ思いをしているかもしれない子たちが、皆さんがいる図書室・図書館から『かがみの孤城』を通じてこころたちと友達になってくれたら、こんなに嬉しいことはありません」とメッセージが寄せられた。

埼玉の「イチオシ本」は、2010年から始まった。この企画を始めたきっかけは、2000年から10年以上、埼玉県の学校司書採用試験が中止になっていたこと。この現状を打破したいと、学校図書館の楽しさや学校司書の専門性を県民のみなさまに伝えるために、埼玉県高校図書館フェスティバルというイベントを年に1回開催していた。運良く2012年に採用試験が再開し、イベントは3回で終了したが、その年に発表された本を学校司書が読み、ランキングを決める「イチオシ本」は現在も続いている。

この年の特徴は、小説が少なく、生き方を考えさせられるような本や、言葉を楽しむような本が多かったこと。

『もし文豪たちがカップ焼きそばの作り方を書いたら』は、Twitterで大拡散されて書店でもベストセラーとなった。日本と世界の文学者、芸能人など110人の文体をまねて、カップ焼きそばの作り方を綴るというもので、すぐに第2弾も発売された。『文豪ストレイドックス』人気と相乗効果もあった。

イチオシ本は、前年11月からその年の10月までに出版された本の中から埼玉県の県立高校に勤める学校司書と、私立高校に勤める専任司書教諭が投票して、毎年決定している。参考までに2017年版ベスト10は、以下の通り。（103名より155タイトルの投票あり）

> ①『かがみの孤城』辻村深月著　ポプラ社
> ②『女の子が生きていくときに、覚えていてほしいこと』西原理恵子著　KADOKAWA
> ③『バッタを倒しにアフリカへ』前野ウルド浩太郎著　光文社
> ④『漫画　君たちはどう生きるか』吉野源三郎原作、羽賀翔一漫画　マガジンハウス
> ⑤『あるかしら書店』ヨシタケシンスケ著　ポプラ社
> ⑥『学校へ行けなかった私が「あの花」「ここさけ」を書くまで』岡田麿里著　文藝春秋
> ⑦『I Love Youの訳し方』望月竜馬著　雷鳥社
> ⑧『もし文豪たちがカップ焼きそばの作り方を書いたら』神田桂一、菊池良著　宝島社
> ⑨『新しい分かり方』佐藤雅彦著　中央公論新社
> ⑩『か「」く「」し「」ご「」と「」住野よる著　新潮社／『i』西加奈子著　ポプラ社

イチオシ本のポスターやPOPはWebサイトからダウンロードでき、各学校で自由に使っていただける。作家からのメッセージを直接読むこともできる。　　　　　　　　（木下）

荻原規子 著
『RDGレッドデータガール：
氷の靴 ガラスの靴』
（KADOKAWA）

さまざまな出自、
それぞれの価値観
〈シリーズ外伝〉

荻原規子 おぎわら・のりこ

1959年東京都生まれ、ファンタジー作家。
『空色勾玉』でデビュー、2006年『風神秘抄』
で小学館児童出版文化賞など多数受賞。作品
はほかに『あまねく神竜住まう国』『白鳥異
伝』『荻原規子の源氏物語』（全７巻）など。

異世界を舞台に
鮮烈な生きざまを
〈シリーズ外伝〉

阿部智里 あべ・ちさと

1991年群馬県生まれ。2012年大学在学中
に『烏に単は似合わない』で松本清張賞を受
賞してデビュー。その後「八咫烏シリーズ」
としてデビュー作を含め６作刊行。本作品は
その外伝である。2019年には『発現』を刊
行している。

阿部智里 著
『烏百花：八咫烏外伝 蛍の章』
（文春文庫／文藝春秋）

夏季休業中読書感想文のブックリストに挙げたかったおすすめの2冊の本を紹介したい。どちらもシリーズの外伝で、本編で描かれることがなかったそれぞれの物語世界を楽しんでもらいたい。

　まずは『RDGレッドデータガール：氷の靴　ガラスの靴』。レッドデータガールとは、絶滅危惧種の少女である。絶滅のおそれのある野生生物の情報を取りまとめたレッドデータブック【英】Red Data Book＝RDBに由来している。6巻でシリーズ完結していたところ、5年ぶりに出版された外伝である。陰陽師、戸隠、山伏……さまざまな出自の生徒が登場し、それぞれの価値観に読者である生徒たちはゆさぶられる。本編はレッドデータガール泉水子（いずみこ）の視点で展開するが、今回は真響（まゆら）と深行（みゆき）の視点での物語である。カバーイラスト・酒井駒子さんの真響も雰囲気があって好評。著者の荻原規子さんの作品では、古代の日本を舞台にした「勾玉（まがたま）」シリーズも女子生徒に人気があるが、現代的で物語世界に入りやすいのは『RDGレッドデータガール』だろう。アニメで見るより言葉から場面をイメージする方が楽しめるのではないだろうか。

　もう1冊は『烏百花：八咫烏外伝 蛍の章』。累計100万部というヒットシリーズのスピンオフ。舞台は、八咫烏の一族が支配する異世界・山内。後継者争いや、后選び（きさき）、天敵の侵入と戦争など、全6巻の壮大な歴史の流れをもって、第1部は完結する。今なら一気読みできるのも、これから読むという生徒たちには魅力があるだろう。登場人物たちが、どのように育ち、誰とかかわり、事件の裏側でなにを思っていたのか。深い人間観が感じられ、第2部の展開が楽しみな生徒たちにとっても魅惑的な短編集だ。『オール讀物』に1編ずつ掲載された「しのぶひと」「ふゆきにおもう」「すみのさくら」「まつばちりて」に加え、澄尾と真緒の薄（ますほ）を描く「わらうひと」、雪哉と若宮の「ゆきやのせみ」の2編の書き下ろしもあり、これまで読んだ本編を読み返したくなる。しかし、本編を読んでいなくとも、異世界が舞台のリアルで鮮烈な人間ドラマ集として楽しめる。ちなみに、著者の阿部智里さんは、2012年20歳で『烏に単は似合わない（からす ひとえ）』で松本清張賞を史上最年少受賞して以来、毎年シリーズを刊行している。コミックも出ているが、まずは想像力を広げてもらいたいものである。

　生徒たちには、感性の豊かな高校生のうちにさまざまな世界観の本に出会ってほしい。
　　　　　　　　　　　　　　　（赤澤）

伊東歌詞太郎 著
『家庭教室』
（KADOKAWA）

「こんな先生に
出会いたかった」

伊東歌詞太郎　いとう・かしたろう

2012年からネット動画投稿を開始、力強い
歌声とメッセージが支持を集め、2年後メ
ジャーデビューを果たしたシンガー・ソング
ライター 。初の小説が本作品（2018年刊）。

「ジェネレーション・ギャップ」。学校司書として働く誰もがしばしば頭をかすめる言葉ではないだろうか。生徒に薦めた本が不評だったり、「最後まで読めなかった」と返却されてしまったり……。自分が感動した本で生徒が同じように感動することは、実はなかなかまれである。文化の違いもまたしかりだ。本を読み慣れている私は、分厚い本こそ「読みごたえがあって良い」と思ってしまうし、本校ではまだまだ人気の携帯小説やライトノベルは、心の中では邪道だと思っている。幼い頃からインターネットが身近にあった生徒たちは、読書に対する価値観が決定的に違う。ある生徒が「有名だよ」と薦めてきた本もそうだった。

高校３年の生徒が「すっごく泣ける本があるから先生にも読んでほしい。私、今まで読んだ本の中で、一番感動した」と、自前の『家庭教室』を貸してくれた。聞いたことのない著者の名前だが、「10代には有名」だと教えられる。聞けば、著者はインターネット動画の投稿で有名になり、現在はシンガーソングライターとして活動をしているそうだ。彼が歌う「ニコニコ動画」を見せられたものの、お面をかぶって歌う姿に共鳴はできず、まさにジェネレーション・ギャップを感じた出来事だった。

さて、『家庭教室』はその著者の小説デビュー作。大学生の青年・巧が家庭教師として訪れた子どもの問題に向き合う短編集だ。巧は勉強に全くやる気を見せない少年や心を閉ざしてしまった少女について、その原因を探り、解決しようとする。必要であれば、彼ら彼女らの家族の問題にも首を突っ込む。生徒のお父さんの不倫相手にビンタをかますなんてことも……。

巧が教えるのは言わば「人生」だ。私は「20歳そこそこの青年にこんなことできない」という大人目線の違和感を隠し、生徒に「いい話だったね」と伝えた。彼女はうれしそうに「そうでしょう？　私もこんな先生に出会いたかった」と言う。家庭の事情で３年間、両親と離れて生活してきた彼女は、もしかすると、こんなスーパーマンのような大人が自分のもとにも来ることを願いながら読んだのかもしれない。

私たちは、本にさまざまな願いや夢を投影する。一つの考えに対する捉え方の違いは、当然のことながら年齢や趣味の違いだけではなく、家庭環境や置かれた立場にも起因する。生徒がどうしてその本に心を動かされたのか、または動かされなかったのか。「ジェネレーション・ギャップ」ですませず、感想を共有することで、生徒が抱える問題と向き合うきっかけを得ることができる。スーパーマンにはなれなくても、彼女らが「面白かった」と笑顔になれる本を手渡してあげられる学校司書でありたい。

（田中）

給料BANK 著
『日本の給料＆職業図鑑』
（宝島社）

サブカルチャー好きには
たまらないイメージイラスト

給料BANK　キュウリョウバンク

ポータルサイトの企画制作運営を一人で行う
ポータルサイターの山田コンペーが2014年
にオープンした情報ポータルサイト。さまざ
まな職業の給料や仕事内容など、職業に関す
る情報をイラストとともに紹介している。

世の中の変化に
無関心ではいられない

グロービス　GLOBIS

株式会社グロービス。1992年の設立来、「経
営に関する『ヒト』『カネ』『チエ』の生態系
を創り、社会の創造と変革を行う」ことをビ
ジョンに掲げ、グロービス経営大学院など各
種事業を展開している。

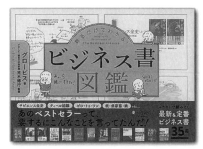

グロービス 著
『見るだけでわかる！ビジネス書図鑑』
（ディスカヴァー・トゥエンティワン）

学校図書館にはさまざまな生徒がやって来る。本を探しに来るのではなく友だちの付き添いだったり、バスや電車の時間待ちだったり、教室ではできない話をしたかったりといった生徒が過半数なのだ。思い返せば、私もなんとなく立ち寄っていた生徒の一人だった。書店に立ち寄るのと似ているかもしれない。

　本校では、学校司書と同様に司書教諭も積極的に本の紹介をする。人生を楽しむことを教えてくれる本や進路を意識する刺激となる本を薦めることも多い。小説は読まないという生徒も、実用書は役に立つと手に取ることがある。紹介する2冊は、実用書として生徒たちが楽しんでいる3類の本である。

　進路関係の資料として人気があるのが『日本の給料＆職業図鑑』だ。サブカルチャー好きにはたまらない1冊で、ありえないというつっこみが聞こえてきそうなイメージイラストが魅力的である。それぞれの職業に添えられたキャッチフレーズも面白い。コスプレイヤー、特殊清掃員、ポータルサイター、音楽療法士、経営コンサルタントなど、271種の職業が解説され、シリーズも出版されている。インターネットで話題の「給料BANK」の書籍化とあって、レアな職業も載っている。具体的に将来の職業が描けている生徒には「なるには」シリーズも効果的だが、それよりもさまざまな職業を知る

ことができ、農業科や家政科など学科を問わず生徒たちが楽しんでページをめくってはほかの生徒たちに紹介していた本なのである。

　もう1冊は『見るだけでわかる！ビジネス書図鑑』だ。こちらは、『サピエンス全史』や『確率思考の戦略論』、『夜と霧』など、それぞれの本のポイントを3つに絞り力の抜けたイラストや図で紹介しているところが、生徒たちにウケたようである。「紹介されている本を読んだだけではわからなかったことがよくわかった」との反応もあった。企業やビジネスということを意識せずとも、世の中の変化や人間の本質を理解するといったことには高校生も無関心ではいられないのだ。

　本校の生徒たちの要望で多いのは「読みやすい本」「自分に合った本」だ。これに応えるのは、それぞれの生徒のことを知らないと難しい。「これまで読んで面白いと思った本は？」「読んでどんな気持ちになる本が好き？」「好きな作家はいる？」目の前の生徒に少しずつ聞きながら、さまざまな本を選ぶ。本と生徒たちがつながるのを間近に感じられるから、どんなに大変であったとしても学校図書館の仕事はやめられない。

（赤澤）

川口雅幸 著
『虹色ほたる：永遠の夏休み』
（アルファポリス）

キラキラと切なさと
──装丁も含めて「読書」
〈ジャケ借り〉

川口雅幸　かわぐち・まさゆき
──────────────────
1971年岩手県生まれ。2004年ホームペー
ジを立ち上げ、本作品の連載をサイト上にて
開始し反響を呼ぶ。2007年本作品でデ
ビュー。2012年にはコミック化、映画化さ
れた。作品はほかに『からくり夢時計』
『UFOがくれた夏』『幽霊屋敷のアイツ』が
ある。

川口雅幸　著
『虹色ほたる：永遠の夏休み 軽装版』
（アルファポリス）

自分にはない感覚だが、「ジャケ買い」ならぬ「ジャケ借り」をする生徒は多い。表紙の印象で本を選ぶのだ。

本校で人気の児童書『虹色ほたる：永遠の夏休み』。リクエストしたのは高校3年生の生徒だ。小学生時代に親しんでいた作品で、自分でも購入したのだが、文庫版しかなかったようだ。彼女いわく「ハードカバーの方がキラキラして好き」ということで、学校にはハードカバーで購入した。程なくして、高校2年生の生徒から同じ本にリクエストが入った。高校3年生の生徒と同様に昔から好きで、たまに読み返したくなるそうだ。所蔵しているハードカバーを薦めたところ、「軽装版の表紙の方が好きだから軽装版で読みたい」と言う。内容は同じであるし、購入はせず、県立図書館から取り寄せた。そして、軽装版とハードカバーの表紙を見比べて驚いた。同じじゃないか！

双方の違いは文字の配置と色味くらいだ。基本のイラストは一緒。陽が落ちかけている神社のイラストだ。ハードカバーにはそのイラストの上に紫色の明かりが灯っている（これがキラキラ？）。

この作品は30年以上前にタイムスリップした少年の物語だ。そこで家族愛や友情、運命を感じながら夏休みを過ごすうちに、少年は自分がなぜ現在ダムに沈むこの村に来てしまったのか理解していく。その切なさが、明かりの灯っていないセピア色の表紙に合うと、高校2年生の生徒は感じているそうだ。

ちなみに、文庫版は上下巻で出版され、2冊をつなげると一つのイラストになる。上巻はハードカバーや軽装版と同じ神社のイラスト。下巻は神社の横の木々がクローズアップされ、薄暗い。リクエストした高校3年生の生徒は「胸がふわふわ、どきどきするファンタジーだから、暗い文庫版よりキラキラしたハードカバーの方が合っている」と言う。しかし、ストーリーには重々しさもある。私は文庫版の表紙がしっくりくるように感じる。

年齢が上がるにつれ、イラストや装丁には目が行かなくなる。内容だけでなく、装丁なども含めての読書、ということを、生徒から教わった出来事だった。

（田中）

川口雅幸　著
『虹色ほたる：永遠の夏休み 文庫版〈上〉〈下〉』
（アルファポリス文庫／アルファポリス）

白央篤司 著
『にっぽんのおかず』
（理論社）

話題がふくらむ
47都道府県の
「おかず」の絵本

白央篤司 はくおう・あつし
1975年東京都生まれ東北育ち。出版社勤務を経てフードライターに。日本の郷土料理、行事食などをテーマにしている。著書に『にっぽんのおにぎり』『にっぽんのおやつ』『ジャパめし』がある。

調理実習の様子が
実に生き生きと

須藤靖貴 著
『3年7組食物調理科』
（講談社）

須藤靖貴 すどう・やすたか
1964年東京都生まれ。スポーツ雑誌の編集者・記者などを経て、1999年『俺はどしゃぶり』で第5回小説新潮長篇新人賞を受賞しデビュー。作品はほかに『セカンドアウト』『抱きしめたい』『どまんなか1~3』『大関の消えた夏』などがある。本作品は2018年に『満点レシピ：新総高校食物調理科』（新潮文庫）として改題加筆して刊行された。

日常的によく本を読む高校生は少ないと言われるが、読みたいと思える本はないのだろうか。どんな仕掛けがあれば読みたいと思うだろうか。読書時間を確保しにくい環境にあっても、学校図書館では、友人間で互いに本を薦める姿が見られることもある。今回は、本校で生徒が友人に薦めていた2冊を紹介したい。

　まずは、デザインもすてきな絵本の『にっぽんのおかず』。解説と写真で日本各地のおいしいもの巡りをしたくなる『にっぽんのおにぎり』『にっぽんのおやつ』に続く、3類の本だ。著者である白央篤司氏は『自炊力：料理以前の食生活改善スキル』（光文社）でも話題になった。47都道府県それぞれのおいしいおかずがビジュアルでも楽しめる。

　4月の学校図書館オリエンテーションでクイズに使用したところ、「おいしそう」「食べたことがない」と思わぬ反響があった。クイズに使用していない本にも手を伸ばした生徒から「おやつに桃やブドウは反則」との声も無きにしもあらず。農業科の生徒は収穫したままの形で食べるものはおやつとは言わないと力説していた。地理や気候条件に注目する生徒や『にっぽんのおかず』を使ってほかのクイズを出す生徒もいた。特徴的なおかずが登場するので、その土地に根付いている理由を考えるのも面白い。

　2冊目は、2014年刊行の『3年7組食物調理科』である。著者は児童文学作品も書いている須藤靖貴氏で、「食物調理科」という特色ある実業高校が舞台となる。料理人のたまごたちが料理に明け暮れる毎日を過ごすという設定はもちろん、本校家政科の生徒にとって、彼女たちの職業観にもつながるこの本はイチオシである。

　何より調理実習の様子が実に生き生きと描かれているのだ。共感したという声ももっともである。たびたび「ギロン」する姿に学ぶ意味を考えさせられたという生徒もいる。「好きだから」ですべて解決できるわけではないところがリアルである。思い通りにいかないとき、気持ちが揺れるのは当然だ。登場人物たち一人ひとりが、本当に好きなのかと自問自答し、悩み、気持ちを奮い立てて進む姿に励まされる。「食べる人」を想像して料理することは、今後の支えにもなってくれるだろう。

　薦めた本を読んでよかったと生徒に言われると純粋にうれしい。学校図書館で「読んでよかった」とほかの生徒に薦める姿を見るのが楽しみだ。

（赤澤）

作家　角野栄子

角野栄子は、押しも押されぬ児童文学者である。童話を中心に多くの著書、また翻訳本も沢山ある。2018年には国際アンデルセン賞も受賞した。

その彼女が1985年に発表したのが『魔女の宅急便』である。魔女のキキが13歳になって、自宅から旅立ち自立を模索する物語だ。この作品がスタジオジブリのアニメ映画ともなり、より広く親しまれている。

『魔女の宅急便』（全6巻）
林明子／佐竹美保 画
（福音館書店）

ここには普通の女の子が書かれている。「普通」というのは語弊があるが、実は意外と、文学の世界にはキキのような少女（魔女という設定ではあるが）の登場は少ない。背景や人物像に悲惨な状況や境遇があったり、男性の好奇の対象であったり。その中に普遍性がある作品も多いとはいえ、毎日「普通に」学校に行き、友人とけんかしたり、家族と話したり、でもその中に自己嫌悪や未来への不安や正義感やら憧れやら……。

キキは、所謂「子ども」からティーンエイジャー（そして大人へ）と成長していく少女の象徴であり、その少女たちを応援している。

女の子を主人公とした作品の多いジブリがこの作品を取り上げたのもうなずける。

『魔女の宅急便』
徳間アニメ絵本
（徳間書店）

『新装版　魔女の宅急便』
（全6巻）
（角川文庫／KADOKAWA）

3 章

未知の扉を開ける

- ⬤ 生き方・人権
- ⬤ 戦争と平和
- ⬤ 学び

大江健三郎 著
大江ゆかり 画
『「自分の木」の下で』
（朝日新聞出版）

「常に前を向こう」と
声が聞こえた

大江健三郎 おおえ・けんざぶろう

1935年愛媛県生まれ。23歳の時『飼育』で
芥川賞を受賞。その後各種文学賞を次々と受
賞し1994年にはノーベル文学賞も受賞。『ヒ
ロシマノート』『各時代の想像力』などの評
論随筆も多数あり、社会的発言・行動も行っ
てきた。知的障害のある息子ひかるを題材と
した作品で「魂」や「祈り」をテーマとして
掘り下げている。

「大江健三郎」と聞いても、中高生にはなじみのない作家なのかもしれない。「大江さんという名は知ってはいたが、難しいだろうなぁと思いながら読んだ」と読書家の高校2年の生徒が感想文の記述をスタートしていた。しかし、ラストで「大江さんは、『常に前を向こう』と、子どもたちにやさしく、そして、ときに厳しく声をかけてくる。その声が深く心にしみこんでくる」と結んだ。

ノーベル文学賞受賞作家が、この作品では、分かりやすい言葉で、子どもたちに語りかけていく。「なぜ子どもは学校に行かなければならないのか」「どんな人になりたかったか？」「『うわさ』への抵抗力」「取り返しのつかないことは（子どもには）ない」等、17のテーマで構成されている。自身の子ども時代の体験をとおして非戦の思い、生命の尊厳を語りかける。また、今の時代に、子どもたちが直面している問題に切り込み、適切なアドバイスをしている。そして、家族との交流、障がいを抱えた息子さんの純真な言葉など、具体的なエピソードを交えながら、次の時代を担う子どもたちに対して渾身のメッセージを発信していく。

私は、この本はYA図書の典型だと思っている。大江は、明らかに、意識して、小・中・高校生に向けて執筆しているのである。妻、大江ゆかりの、やさしい筆致のパステル画が表紙を飾り、それは、さらに本書の随所にも配置されていて、大江の文章を絵本のような温もりのある親しみやすいものにしている。

私が勤務していた高校では、伝統的に読書会を行っている。私にとって退職前の最後の読書会で、図書委員はこの本を選んだ。「先生のイチオシのこの本でやりたい」との図書委員長の発言に全員が賛成してくれたのだ。読書会は大変盛り上がり、近隣の6校から高校生、教職員、保護者など56名が参加した。読書会後の感想では、「いつもなら考えないことを考えることができた」「子どものころを思い出したいな。そして自分の木の下にいる人に出会って、大江さんの言われるように大切なことができる人になりたいな」等、充実した読みの交流ができた高校生の様子がうかがわれた。また、参加した教員のひとりは「世界の大江健三郎の文章に"ここはヘン"などのイチャモン!!　高校生すごいです。高校生に混じって言いたいことを言う体験は私にとって新鮮でした。時には自分の木の下で、じっくり考えていきたいと思います」と感想を記している。

「この本は、これからの人生で経験を積むことにより、さらにより深い読み方ができる本だと感じた。高校生という時期にこの本に出会えてよかった」との図書委員長の感想がこの本を象徴しているように思う。　　（長尾）

唯川恵 著
『淳子のてっぺん』
(幻冬舎)

挑戦すること──
田部井淳子さんの
山への想い

唯川　恵　ゆいかわ・けい

1955年石川県生まれ。1984年『海色の午
後』で集英社第3回コバルト・ノベル大賞を
受賞し、デビュー。2002年『肩ごしの恋人』
で第126回直木賞を受賞。2008年に『愛に
似たもの』で第21回柴田錬三郎賞受賞。ほ
かに『燃えつきるまで』『雨心中』『テティス
の逆鱗』『啼かない鳥は空に溺れる』『みちづ
れの猫』などがある。

「人生のしまいかた」というドキュメンタリーがNHKで放送された。2016年10月にガンで他界された登山家の田部井淳子さんを5年間追ったドキュメンタリーだ。病と闘いながら、東日本大震災の被災地の高校生とともに富士山に登り、全力で生き抜いた田部井さんを描いた番組。田部井さんは、女性として世界で初めてエベレストに登った登山家である。闘病されていることもなんとなく知っていたが、このドキュメンタリーを見るまで、どんな思いで被災地の高校生との富士登山を続けているかというのを、まったく知らなかった。

　その後で読んだのが『淳子のてっぺん』。作家の唯川恵さんが田部井さん存命中の2016年1月から新聞の連載小説として書き始め、加筆修正して出版された。愛犬の死をきっかけに、登山を始めた唯川さんは、新聞連載で女性の一代記を書いてみたいと思っていたそうで、直接、田部井さんに連絡をとって、モデルとすることの承諾を得たそうだ。この小説は田部井さんが登山家として有名になってからでなく、子どもの頃や登山に魅了されていく様子を描いている。

　1939年。淳子は、7人きょうだいの末っ子として、福島県三春町の印刷屋の娘として生まれる。体は小さく、「ちびじゅん」とあだ名で呼ばれていたが、負けん気で、いつも野山を走り回る子どもだった。10歳で初めて那須岳の登山を経験し、山の美しさに魅了された淳子。もっと山に登りたいと思っていたが、なかなかかなわない。そして、大学受験に失敗し、しぶしぶ父が望んだ東京の女子大に進学する。東京で寮生活を始めるが、都会のお嬢様の中で、訛りもひどかった淳子はどんどん孤立していき、入院・休学するくらいまで体を壊してしまう。そんな淳子を救ってくれたのは、やはり山だった。大学に復学した淳子は友人に誘われて御岳山に登る。それが、淳子の登山家としての人生のスタートとなる。

　男女差別が激しい当時は、女性が山に登ることは考えられないことだった。そんな中、淳子は山岳会に入会し、男性と共にトレーニングを積んで名だたる山に挑戦する。「女なんかにできるものか！」と言われながら、山をご縁に淳子の生き方に理解ある男性と結婚。出産し、子育てをしながらエベレストに登った半生は圧巻だ。

　田部井さん自身も自叙伝を書いているが、実在しないキャラクターを登場させながら、よりドラマティックに描かれたこの作品は、小説家唯川恵さんの味付けがとても効いていて、長編なのに読みやすく仕上がっている。図書館だよりで紹介したところ、先生が借りていき、現在予約4人待ち。登山部の生徒も興味を持ってくれた。なにかに挑戦したいと思う、私たち大人の背中も押してくれる作品だ。　　（木下）

雁部那由多ほか 語り部
佐藤敏郎 案内役
『16歳の語り部』
（ポプラ社）

小5で被災した高校生が
3.11（あの日）を語る

雁部那由多 がんべ・なゆた

津田穂乃果 つだ・ほのか

相澤朱音 あいざわ・あかね

2011年3月11日、東日本大震災発生当時、
3人は宮城県の東松島市大曲小学校の小学5
年生だった。2016年6月1日現在、雁部さん
と津田さんは宮城県石巻高校、相澤さんは宮
城県石巻西高校に通う高校1年生。地元に限
らず、県外の人に向けて、震災の体験と教訓
を伝える「語り部」の活動をしている。

佐藤敏郎 さとう・としろう

1963年宮城県生まれ。当時は女川町の中学
校教員。小学校6年生だった次女を石巻市立
大川小学校を襲った津波で失った。退職し、
小さな命の意味を考える会代表として活動し
ている。

「うわっ、気持ち悪い〜」「何これ、変態!!」と笑い声が上がっている。手に持っているのは『バッタを倒しにアフリカへ』、「でーれーBOOKS」第5回目の大賞本だ。書店では大きなスペースに陳列され、新書大賞もとり、相当話題になっている本であるが、生徒は「こんな本、初めて見た」と言う。

「でーれーBOOKS」とは2013年度から実施している岡山の高校図書館によるおすすめ本コンテストだ。図書館には多様なジャンルの本があることを知ってもらいたいという願いから、第2回目以降は小説以外を選考対象としている。小説を対象にしたコンテストは、本屋大賞や芥川賞、直木賞などたくさんある。しかし、ノンフィクションはフィクションほど人気はないし、情報も多くない。こここそ学校図書館の力の見せどころだ。

書架にしまわれていては動きにくいジャンルの本が日の目を見る絶好のチャンス。私の勤務校では、毎年、大賞発表の日に特設コーナーを設置する。岡山県立図書館や県内の書店でも展示され、次第に認知されるようになってきた。

第4回で2位だったのが、『16歳の語り部』である。宮城県で語り部活動を行う3人の高校生の「語り」を収録した本だ。東日本大震災を小学校5年生で経験した彼らは、「震災の話題にふれないようにしている」大人たちに違和感を覚えながら、「僕たちが、あの日、あのとき、何が起こったのかを理解できた最後の世代で、しかも、その体験を自分の言葉で伝えられる最後の世代」「伝えることで、次にまた同じようなことが起きたときの被害を減らせるかもしれない」という責任感を持ちながら、「あの日」を語る。

特設コーナーでこの本を手にしたのは教員だった。この年の修学旅行は岩手県の陸前高田を訪れることになっていた。高校生の「語り」に感銘を受けた教員は、「修学旅行の事前学習にぴったりだ」と生徒全員にこの本を読ませた。感想文には、震災を自分事として捉える言葉が並ぶ。「目の前で人が流されていく様子を見て見ぬふりをしなければならなかった経験を、小学生で負ってしまったことにショックを受けた」「つまらないことで家族や友だちと話さなくなったり学校を休んだりしたことが、ぜいたくでもったいないことだと思った」……。まだ被害の跡が残る地に立った生徒たちは涙を流したそうだ。

ノンフィクションでしか得られないことがある。進路の岐路に立ち、友人関係や勉学に悩み、心が揺れ動く高校時代に、多くの経験や思いや教訓を吸収してほしい。「でーれーBOOKS」がそんな読書体験に導く手立てになればと願う。　　　　　　　（田中）

吉田修一 著
『国宝（上・下）』
（朝日新聞出版）

歌舞伎の舞台裏を
丹念に描く──芸の神髄

吉田修一　よしだ・しゅういち

1968年長崎県生まれ。1997年『最後の息子』で文学界新人賞を受賞し、デビュー。『パレード』で第15回山本周五郎賞、『パーク・ライフ』で第127回芥川賞を受賞。2007年『悪人』で第34回大佛次郎賞など受賞。『横道世之介』で第23回柴田錬三郎賞を受賞。本作品は2019年、第69回芸術選奨文部科学大臣賞、第14回中央公論文芸賞を受賞し、英語、仏語、中国語、韓国語などにも翻訳された。

古い仏教の形に
問いを投げかける

髙橋卓志　たかはし・たくし

1948年、長野県松本市浅間温泉・神宮寺（禅宗・臨済宗 妙心寺派）に生まれる。住職として42年務め、2018年タイのチェンマイで再誕の旅を始める。『死にぎわのわがまま』『現代いのちの用語辞典』『インフォームド・チョイス』『寺よ、変われ』『チェルノブイリの子どもたち』『大震災のなかで〜私たちは何をすべきか』などがある。

髙橋卓志 著
『さよなら、仏教：
タテマエの僧衣を脱ぎ去って』
（亜紀書房）

進路に悩むとき、私たちは一瞬、世襲制をうらやむことがある。生まれたときからその職業を選択することが決まっていれば、何も考えなくていいからと。歌舞伎界と仏教界、世襲率の高い両世界において、あえて世襲を引き継がない選択を書いている点がこの2作には共通している。そしてどんな道を選んでも、人はいくつになっても悩み考えるものであり、「悩む」というのはYA世代の専売特許ではないことに気づくだろう。

まずは吉田修一の『国宝』。朝日新聞の連載小説であったこの本の舞台は、主人公の子ども時代の長崎から始まり、大阪そして東京へと場所を移していく。この本には、報道される歌舞伎の華やかな場面とは程遠い舞台裏が、丹念に描かれている。著者は執筆のために歌舞伎役者に張り付きで取材をし、黒子として歌舞伎座の舞台裏にも入り、その空気や音を体感し、目に見えない歴史や伝統を感じ取ったという。舞台上の華やかさと、その裏にある気の遠くなるような地道な稽古。そして歌舞伎役者の、人生の終盤に差し掛かってなお、自分自身に手加減なく求める芸の神髄。上下巻の作品を一気に読ませる筆力には、中高生も抗えないだろう。

髙橋卓志『さよなら、仏教』は、サブタイトルが「タテマエの僧衣を脱ぎ去って」とあり、葬儀の時だけ必要とされる古い仏教の形に大きな問いを投げかけたものだ。仏教とか葬儀とか、YA世代とは最も遠いところにあるテーマが、実はそうでないことに読み始めてすぐに気づく。

長野県松本市にある臨済宗神宮寺元住職の髙橋卓尚は、まさにこのテーマを生きた、私の知る人物である。父親から引き継いだ寺を、自分の息子たちには継がせないことを住職就任時に決めていた。引き継ぐのは仏教の教えであり、寺や檀信徒ではないのだと。そこから和尚は、チェルノブイリの医療支援活動、ホスピスや安楽死を学ぶ海外研修、地域包括ケアと活動を広げる。そんな髙橋和尚と私がお世話になった浦安市立図書館司書、鈴木均さんのつながりは深く、和尚が寺を去る前日に鈴木さんの葬儀が髙橋和尚によって行われたというのは、まさに奇跡のタイミングだった。

本を通して垣間見るさまざまな人生。フィクション、ノンフィクションを問わず、きっとYA世代の心の栄養になると信じている。　　　　　（山本）

非暴力抗議をつらぬいたジョン・ルイスの軌跡
〈グラフィックノベル〉

ジョン・ルイス、
アンドリュー・アイディン 作
ネイト・パウエル 画、押野素子 訳
『MARCH 1〜3』
（岩波書店）

ジョン・ルイス John Lewis

1940年〜2020年。公民権運動において重要な役割を果たしたことで知られる。1963年から3年間、SNCC（学生非暴力調整委員会）の委員長を務める。1963年のワシントン大行進時、23歳で演説、1965年の「血の日曜日事件」は、投票権法の成立を促した。1987年より米国下院議員。2011年にはオバマ大統領より自由勲章を授与された。本作品は「ニューヨークタイムズ・ベストセラーリスト」第1位、全米図書賞（児童文学部門）など多くの賞を受賞。2020年7月17日に逝去。

アンドリュー・アイディン Andrew Aydin

アメリカジョージア州出身。ルイス下院議員のワシントンD.C.事務所で通信テクノロジー政策とニューメディア担当を務めた。本作品の原作者。

ネイト・パウエル Nate Powell

1978年アメリカアーカンソー州生まれ。高校卒業後ニューヨークでマンガを学び、数々のコミックのイラストレーションを手がける。『Swallow Me Whole』（2018年）で高い評価を受けた。

今から50年前、アメリカ南部の黒人は白人と同じ店に入ることや映画館で映画を見ることなど、あらゆることを差別され、選挙権もなかった。この本の主人公、ジョン・ルイスは、アラバマ州のまずしい農村で生まれ、子どもも学校に行くよりも働きなさいという環境の中で、勉強に励み牧師を目指す。

ところが神学校在学中に参加したランチ・カウンターでの座り込みデモをきっかけに、黒人が憲法で認められた個人の権利を訴える公民権運動に出会う。キング牧師の影響を受け、非暴力のトレーニングをし、ガンジーの教えを学び、抵抗を続け、命をかけてその権利を勝ち取る。この本はそんなジョン・ルイスの軌跡を追った作品である。

この本では、オバマ大統領の就任式に、議員となった著者が当時を振り返るという手法で、1950年〜60年のアメリカが描かれる。非暴力の戦いをどう進めたか、キング牧師との思い出など、世界史の教科書で習ったようなことが描かれるのだが、とてもリアル。岩波書店としては、初のグラフィックノベル（長編のコミックスをまとめて単行本にしたもの）だ。

岩波書店のウェブサイトには、特設ページもあって、ジョン・ルイスと、もう一人の著者であるアンドリュー・アイディンへのインタビューも掲載されている。なによりすごいのは、ジョン・ルイスが80歳近くなった現在も、現役の議員だということだ。この本は三部作で、「1　非暴力の闘い」「2　ワシントン大行進」「3　セルマ　勝利をわれらに」の3冊からなっている。

日本にも多くの外国人が暮らすようになった。とくに今まで日本人にはあまり知られていなかったイスラム圏の人びとの暮らしや習慣、考え方などがわかりやすく書かれた本が多く出版されている。一方でアメリカの歴史、時に黒人の受けてきた差別の歴史は、知っているつもりになっていただけで、詳しく知らなかったと今さらながら思った。また、私が感銘を受けたのは、非暴力による抵抗を続けるシーンだ。活字で読むのと絵で見るのとではリアルさが違い、人びとが非暴力抗議を続ける姿に胸を打たれた。

私が発行する新着案内でこの本を紹介すると、さっそく借りてくれた生徒がいた。返却されたときに感想を聞くと、「『キング牧師』のことは知っていたけれど、ジョン・ルイスのことは初めて知りました」「世界史の教科書に出ていない話を読むことができました」などの感想を寄せてくれた。

障害者やLGBTなど、マイノリティの権利が論議されている現在の日本だからこそ、この本は、一人ひとりの生き方を尊重できる社会の実現へのきっかけになるだろう。　　　（木下）

ナディア・ムラド、
ジェナ・クラジェスキ 著
吉井智津 訳
『THE LAST GIRL』
（東洋館出版社）

世界で起きている
凄惨な現実に
目をそむけずに

ナディア・ムラド　Nadia Murad

1993年生まれ。イラク出身の人権活動家。
人身売買の被害者らの尊厳を訴える国連大使
に就任。ヤズィディの権利擁護団体ヤズダと
ともに活動し、2018年にノーベル平和賞を
受賞。

ジェナ・クラジェスキ　Jenna Krajeski

ニューヨークを拠点に活動するジャーナリス
ト。主にイラク、シリア関連の記事をメディ
アで執筆している。

2018年のノーベル平和賞に選ばれたイラク出身のナディア・ムラドさんのことを知っているだろうか？　彼女は、イラク北部のコーチョという小さい村で、ヤズィディ教徒として貧しいながらも平和な暮らしをしていた。ところが戦争がはじまり、イスラム国（ISIL）がこの村を襲い、村の男たちは皆殺しにされ、子どもたちは兵士になるために連れ去られ、女子は性奴隷として売られるためにさらわれていく。

　学校司書になりたての頃、『生きながら火に焼かれて』（スアド著、松本百合子訳、ソニー・マガジンズ）という、家族から体に火をつけて殺されそうになった少女の話を読んで、同じ世界でこんなことが起こっているのか！と衝撃を受けたが、この『THE LAST GIRL』はそれ以上の衝撃があった。

　この本は3部構成に分かれていて、第1部では村での穏やかな生活が丁寧に描かれ、イスラム国がやってくるところまで。第2部では性奴隷として暮らす凄まじい実態が。第3部ではそこから逃げだして安全な場所にたどり着くまでの体験が描かれる。

　貧しいながらも家族仲良く平和に暮らしている村の様子が丁寧に描かれる第1部は、『せかいいちうつくしいぼくの村』（小林豊、ポプラ社）を思わせる。

　性奴隷として物のように扱われる第2部は、読んでいて苦しくなる。

　ヤズィディ教徒の女性は不信心者とされ奴隷になり、新たな戦闘員への職務遂行の褒美（ほうび）として、差し出される。その女性たちをサビーヤと呼んで、物のように売り買いする。奴隷市場の様子が詳細に描かれている。

　第3部では、運よく彼女を安全な難民キャンプに送ってくれる家族と出会い、脱出劇が描かれる。とても臨場感のあふれる突破劇は、読み手をドキドキさせてくれる。

　現在の日本は、一見平和なように見えるが、貧困格差や移民問題など、多くの問題を抱えている。女性の、人間としての尊厳が踏みにじられることもないとはいえない。女子校の学校司書として、女性目線でこの本を生徒に紹介した。何人かの生徒に感想を聞くと、脱出劇がすごかった、描写がリアルで気分が悪くなったけど、これが世界で起きている現実と思って（頑張って）読みました、と語ってくれた。

　ナディアは自分が苦境から脱出できた奇跡を「きっと神には私を助ける理由があり、ヤズダの活動家と出会わせる理由もあったのだと思う。私が自分の体験をどこかで話すたび、テロリストからいくらかでも力を奪っているように感じている」と語っている。「この世界でこのような体験をする女性は、私を最後にするために」ナディアは語り続けている。

（木下）

アンジー・トーマス 作
服部理佳 訳
**『ザ・ヘイト・ユー・ギヴ：
あなたがくれた憎しみ』**
（岩崎書店）

目の前で幼なじみが白人に
打ち殺された

アンジー・トーマス Angie Thomas

アメリカミシシッピ州生まれ。作家。元ラッパー。大学でクリエイティブ・ライティングを専攻し、在学中に本作品を書き始めた。ボストングローブ・ホーンブック賞、カーネギー賞を受賞。2018年に映画化された。

イギリスの公立中学に通う
息子のリアルな日々

ブレイディみかこ Mikako Brady

1965年福岡県生まれ。1966年から英国ブライトン在住。ロンドンの日系企業で勤務したのち英国で保育士資格を取得し、保育所で働きながらライターとして執筆をはじめる。2017年新潮ドキュメント賞を受賞。著書に『子どもたちの階級闘争──ブロークン・ブリテンの無料託児所から』などがある。

ブレイディみかこ 著
**『ぼくはイエローでホワイトで、
ちょっとブルー』**
（新潮社）

　今年度、中学1年の地理の授業は、学校図書館で世界のさまざまな地域の子どもたちの日常を伝える本を1冊選ぶことから始まった。多くは写真集のようなヴィジュアルな本だったが、海外の十代が主人公の9類の本も並べた。そのうちの1冊が、今回紹介する『ザ・ヘイト・ユー・ギヴ：あなたがくれた憎しみ』である。

　主人公のスターは、ドラッグや暴力がはびこるアメリカの黒人街ガーデン・ハイツで育った16歳。ある夜、ガーデン・ハイツのパーティーに来ていたスターは、突然の銃声におののき、幼なじみのカリルの車でその場を後にした。そのカリルを、白人の警官が呼び止めた。反抗的な態度が災いし、カリルはスターの目の前で警官に撃ち殺されてしまう。警察は正当防衛として事件を片付けようとする。

　真実を告げられずにいたスターはやがて生まれ育ったガーデン・ハイツやカリルへの思いに突き動かされ、法廷で証言台に立つことを決意する。貧困、ドラッグ、人種差別など、アメリカが抱える現代の問題を正面から描いたYA作品である。

　もう1冊紹介したいのが『ぼくはイエローでホワイトで、ちょっとブルー』。イギリスの名門小学校に通っていた息子が、荒れていることで有名だった近所の中学校に進学を決めた。その中学校は、ここ数年音楽や演劇と

いった授業に力を入れ、子どもたちの素行も成績も急上昇していた。親の心配をよそに、楽しげに学校生活をスタートした息子。そんな彼の学校での日々を描いたノンフィクションだ。

　今まで通っていた上品な学校とは違い、生徒の多くは白人労働者階級の子どもたち。いじめもレイシズムもけんかも日常茶飯事だったが、気がつけば自分たちの手で解決するなど先に進んでいる息子たちの姿に、大人の方が勇気をもらう。イギリスの公立中学校が、さまざまな問題に本気で取り組んでいる様子がビンビン伝わって来るのもこの本の魅力だ。

　印象的だったのは、セクシャル・オリエンテーション後の帰り道、中学生の一人が、「自分はまだわからない」とクールにつぶやく、そのことばを友人たちが受け止める姿だ。子どもが本当に生きることを学ぶ場所は、リアルなこの社会、そして本がそれを伝える。

　現在、本校では、東京学芸大学の先生を交えて「性の多様性に応じる学校」というテーマで、音楽・保健体育の教諭、養護教諭、学校司書でプロジェクトを組んでいる。この本もぜひ読んでほしいと、紹介したところだ。

　　　　　　　　　　　　　　（村上）

ドリアン助川 著
『あん』
（ポプラ社）

ハンセン病差別を物語の中で追体験

ドリアン助川 どりあんすけがわ

1962年東京都生まれ。1990年「叫ぶ詩人の会」を結成し話題となる。音楽活動やラジオのパーソナリィー、人生相談、執筆活動なども行う。『あん』は世界各国で翻訳された。『青春放浪』『ゆっくり行こうぜ』など若者に呼びかける作品が多い。全国SLA刊の『魔法のプラハ』は俵万智がドリアンとのプラハへの旅を書いている。

戦争が強いる理不尽な運命

中脇初枝 なかわき・はつえ

1974年徳島県生まれ。高校在学中に『魚のように』で、坊ちゃん文学賞を受賞し、17歳で作家デビュー。2005年『祈禱師の娘』で産経児童出版文化賞推薦を受賞。児童虐待をテーマとした『きみはいいこ』は2013年に坪田譲治文学賞を受賞、2015年に映画化された。2014年『わたしをみつけて』が山本周五郎賞を受賞。本作品は2016年、本屋大賞の第3位。

中脇初枝 著
『世界の果てのこどもたち』
（講談社）

学校図書館は、さまざまな教科の学びと連動して、本を薦めることができる場でもある。

ある日、社会科の先生が公民の授業のためにハンセン病に関する資料を探しにみえた。定番の資料とは別に、映画化で話題になり、ハンセン病を扱っている『あん』も手渡した。翌年の同じ時期、その先生から授業で『あん』の映画を見せたというので、原作本をPOPとともに図書館に展示した。すると、何人もの生徒が、「授業で見た映画の原作ですね」と手に取り、数人が借りて読んでくれた。

物語は、どら焼き屋「どら春」の経営を引き継いだ若い千太郎のもとに、年配の女性、徳江が自分を雇ってほしいとやって来るところから始まる。一度は断ったが、徳江が持ってきた自作のあんがあまりにおいしく、しかも時給は200円でという申し出に、徳江の曲がった指先は気になったが、店の奥で働いてもらうことにした。ほどなくどら春のどら焼きは評判になり、売上も上昇……千太郎もやる気が出てきたそんなとき、徳江がハンセン病棟から来ているらしいという噂が立ち始め、みるみる客足が落ちていく……。店を辞めるという徳江を、引き留められなかった千太郎は、どら春の常連客でもあった中学生ワカナと初めてそのハンセン病棟を訪ね、長い年月閉ざされた場所で暮らしてきた人たちの思いを知

ることになる。

しばらくして授業を受けた3年生のYさんが、映画を見て、初めてハンセン病差別を知り衝撃を受けたことを新聞に投稿し掲載された。社会的な出来事を「物語」という形にすることで、私たちはその苦難の時代を生きた主人公の目を通して追体験できる。たとえ、それは想像の域を出ることはないとしても、次の世代に伝えるための有効な手段だと思う。

2015年に出版された『世界の果てのこどもたち』も貴重な1冊だと感じた。戦時中に高松から満州にやってきた珠子は朝鮮人の美子（ミジャ）と裕福な家庭の少女茉莉と親しくなる。しかし、日本が戦争に負けると、3人は大きな歴史の渦に巻き込まれていく。中国残留孤児となった珠子、在日として差別を受け続ける美子、横浜の空襲で家族を失う茉莉。戦争がいかに子どもたちに理不尽な運命を強いるものなのかを、中学生の今だからこそ、読んでほしい。

著者は、1974年生まれで、戦争を知るのは祖父母の世代だ。過酷な時代を生き抜いた女性たちの生の声を聞き、これを書くことが自分の使命だと感じたという。史実を下敷きに書かれたこのような物語を読み、ノンフィクションにも手を伸ばしてくれたらなおうれしい。

（村上）

瀬谷ルミ子 著
『職業は武装解除』
（朝日文庫／朝日新聞出版）

ルワンダの写真から
武装解除の専門家の道へ

瀬谷ルミ子 せや・るみこ

1997年群馬県生まれ。ルワンダ、アフガニスタン、シエラレオネ、コートジボワール等で国連PKO、外務省、NGOの職員として勤務。世界の紛争地の復興、治安改善、兵士の武装解除・社会復帰などが専門。2011年、日本版ニューズウィーク誌の「世界が尊敬する日本人25人」に選ばれた。

私の勤務する図書館では女子校の特色を生かし書架の中に〈女性学〉のコーナーを設けて、女性史やフェミニズム、家族の役割など、いろいろな観点から、女性として生きるということはどういうことかを考える本を並べている。新入生の図書館オリエンテーションで、そのコーナーを説明する時に、必ず紹介しているのが、この『職業は武装解除』だ。

　この本の著者、瀬谷ルミ子さんは認定NPO法人日本紛争予防センター事務局長、年齢は34歳（当時）。職業は〈武装解除〉。こう著者を紹介するだけで、生徒はまず驚く。〈武装解除〉ってなに？　どんな仕事なの？　と疑問の声があがる。

　瀬谷さんが行っている〈武装解除〉とは、紛争が終わったあと、兵士たちから武器を回収し、一般市民として生活していけるように職業訓練をし、社会復帰させる仕事。私はこの本を読むまで、世の中にそんな仕事が存在するなんて、考えたこともなかった。社会復帰させる対象は、兵器を持った大人の男性だけではなく、子ども兵から年配の兵士、誘拐された武器を持たない女性まで、さまざまらしい。世界には100人ほどの武装解除の専門家が存在し、多くは国連の職員としてその仕事にあたっているそうだ。

　瀬谷さんは高校3年生の春、進路について悩んでいる時に一つの新聞記事に出会った。彼女は、ルワンダで発生した大虐殺の記事を読み、コレラで死にかけている母親を泣きながら起こそうとしている3歳くらいの女の子の写真に衝撃を受ける。お茶の間でお菓子を食べながらその写真を眺めている自分と、写真に写っている少女の住む世界の違いに愕然としたのだ。レンズの向こう側で、数十億人の人々が自分の死を眺めていることすら知らずに、息絶えていくルワンダの人々。この写真と出会ったことをきっかけに、紛争解決について学べる大学に進学することを決意。自分が専門家になって、世界を変えていこうと決意する。少女の写真を見てこういう仕事につきたいと思うようになった瀬谷さんの感性に驚かされる。この本には、彼女がどんな国でどんな人と出会い、どんな仕事をしてきたのかが、克明に記されている。ルワンダで銃を持った兵士に脅されたエピソードには、読んでいるこちらも、ヒヤリとさせられた。

　本を読んで、「自分も難民を救う仕事につきたい」と言いだした生徒は、国際関係学部に進学し、勉強中だ。卒業後は、ボランティアなどで頑張っている様子を報告してくれる。

　1冊の本、1枚の写真からいろいろなことを想像し、子どもたちは自分の人生の糧にしていく。生徒の読みたい心に火をつけ、人生の糧にできる選書を心がけていきたい。　　　（木下）

TBSテレビ『NEWS23』取材班 編
『綾瀬はるか「戦争」を聞く』
（岩波ジュニア新書／岩波書店）

夢は「世界平和です」

TBSテレビ『NEWS 23』取材班

広島・長崎の原爆投下の被爆者や沖縄戦の関
係者を尋ね、新たな証言を得て放送すること
で、次世代に“戦争の記憶を継承”していく。
2011年の福島原発事故の被害者も取材する。

ヒロシマ・ナガサキの記憶を
デジタルアーカイブで
継承する

渡邉英徳 わたなべ・ひでのり

1974年生まれ。専門は情報デザイン。グー
グルアースにさまざまな歴史資料とデータを
重ね合わせた、新しい形のデジタルアーカイ
ブの製作を進めている。『ナガサキ・アーカ
イブ』『ヒロシマ・アーカイブ』『東日本大震
災アーカイブ』など。『沖縄平和学習アーカ
イブ』では総合監修を担当。2016年、日本
新聞協会賞を受賞。

渡邉英徳 著
**『データを紡いで社会につなぐ：
デジタルアーカイブのつくり方』**
（講談社現代新書／講談社）

女優の綾瀬はるかさんが映画公開の舞台あいさつで夢を聞かれて、「世界平和です」と答え、話題となったことがある。その時、私にはこの本がすぐ頭に浮かんだ。「世界平和」は常に彼女が思い描いていることなのだ。

この本は、ニュース番組の取材として、広島出身の彼女が祖母に原爆のことを聞くところから始まる。その後、長崎を訪れ被爆者の話を聞き、沖縄戦を学びに行き、そしてハワイの真珠湾を訪れる。真珠湾攻撃で帰らぬ人となった飛行兵の婚約者だった、大分県の86歳の女性と一緒に。別れて70年経っても少女の時のままの記憶が鮮明な女性。真珠湾攻撃の生き残りのアメリカ人兵士に会い話をし、「アメリカ人が憎たらしい」から「この人たちを悪く言うてもどうにもなりません」そして、「日本じゃこんなこと忘れておるんですよ」という変化を、綾瀬さんは目の当たりにした。その後、東日本大震災で被害に遭った岩手県陸前高田市では、広島原爆の時に看護師として派遣されていた91歳の女性を訪問し、秋田県には福島第一原発そばから避難を余儀なくされた、広島原爆被爆者の85歳の男性を訪ねる。

失われていく戦争の記憶は、今、形にして残さなければ消えてしまう。同じく震災の記憶も、とにかく継承していくことが大事なのだ。終わりに番組のプロデューサーはこう語る。「『デジタル革命』などといって新しいメディアが次々と生まれていますが、"想像力"は以前ほど働かなくなっているのではないでしょうか」。

くしくもそのデジタルによって、首都大学東京の渡邉英徳准教授（当時。現・東京大学大学院教授）は、ヒロシマ、ナガサキ、パールハーバー、沖縄そして東日本大震災をアーカイブ化されていて、私も見せてもらったことがある。『データを紡いで社会につなぐ：デジタルアーカイブのつくり方』は「文系の高校生でもわかるような本を」という依頼を基にして書かれている。渡邉先生が「あとがき」で書いた「技術だけでは人々に活用されないということ、技術を社会につなぐためには、人びとが未来を託すゴールイメージが必要だということです」という言葉は、前述のプロデューサーの不安を払拭するものだ。

今、渡邉先生の指導によってヒロシマ、ナガサキ・アーカイブは地元の高校生の手で更新されている。直接の語り手がいなくなっていく中で、デジタル技術を駆使したアーカイブ制作は、記憶の継承を可能にしているのだ。ぜひこれらの本を手に取って、新たな学びを広げてほしい。　　　　（山本）

須賀しのぶ 著
『また、桜の国で』
（祥伝社）

戦時下のポーランド　日本人外務書記生の苦悩と行動 ――高校生直木賞受賞作

須賀しのぶ　すが・しのぶ

1972年埼玉県生まれ。1994年『惑星童話』でコバルト・ノベル大賞の読者大賞を受賞。以後、ライトノベルを中心に活躍。2013年『芙蓉千里』三部作で第12回センス・オブ・ジェンダー賞大賞受賞。『革命前夜』で第18回大藪春彦賞受賞。本作品は第4回高校生直木賞受賞。2017年NHKFM「青春アドベンチャー」でドラマ化もされた。ほかに『夏空白花』『荒城に白百合ありて』などがある。

死と隣り合わせの収容所で本を守る少女

アントニオ・G・イトゥルベ　Antonio・G・Iturbe

1967年スペイン生まれ。文化ジャーナリズムに携わる。日刊紙「エル・ペリオディコ」のテレビガイドのコーディネーター、映画雑誌「ファンタスティック・マガジン」の編集長などをつとめる。

アントニオ・G・イトゥルベ 著
小原京子 訳
『アウシュヴィッツの図書係』
（集英社）

ポーランドという国と、皆さんはどんな接点をお持ちだろうか？

　私は当時小学生と幼稚園児だった2人の息子たちを、米軍基地内の一般家庭に英会話の個人レッスンに連れて行き、自分も習いたくなって二十数年間で15人の先生（米軍人の妻たち）と関わってきた。15番目の先生がポーランド人で、妹たちが来日した際に、長崎市内観光案内をしたことがある。原爆資料館ではいずれも、それまでに案内した誰よりもじっくりと一つひとつの展示品を見る姿に、私の方が感動してしまった。なぜそんなに、熱心に原爆と向き合ってくれるのか？

　アウシュヴィッツに近いクラクフの街で生まれ育った彼女たちは、小学校入学時から高校卒業まで毎年学年に応じたカリキュラムで、アウシュヴィッツ見学に行ったのだと言う。毎年見るポイントを変えて、学びを深めていったそうだ。それ以外にも、来客があれば必ず案内をする場所なので30回以上は訪れたと話してくれた。戦争が人々に強いた惨い仕打ちを、後世に伝えていかなければならないからと。

　第4回高校生直木賞（2017年）受賞作である『また、桜の国で』は、第二次世界大戦中に日本人外務書記生としてワルシャワで過ごした主人公が、ナチス・ドイツに蹂躙されるポーランドで現地の人々とともに苦悩し行動する姿が描かれている。この本を高校生が賞に選んだというその感性、「後の世代に伝えていくべき」という評価がうれしかった。作品の中で流れるショパンの「革命のエチュード」。以前に夏訪れたショパン・ワルシャワ空港には、グランドピアノが数か所に置かれていて、通りすがりのさまざまな国の老若男女が演奏する姿に魅了された。片手で鍵盤を楽しげに叩く人も、プロのような腕前の人も、ピアノに親しむ姿に差異はなかった。こんな平和な光景を守っていくことが、今を生きる我々の使命なのだと、その数日前に見学したアウシュヴィッツを想いながら考えた。

　『アウシュヴィッツの図書係』は、収容所内の図書室にあるわずか8冊の本を守る少女の話である。打ちひしがれた生活の中に光を見いだそうとする人間の強さ、死と隣り合わせの収容所の中の人々の様子が、克明に描かれている。

　広島、長崎以外では、原爆について知ることも学校教育の中から消えかけているようで、関東圏で教員をしている二人の息子たちは、危機感を持っている。負の世界遺産ともいえる原爆資料館とアウシュヴィッツは、一度は訪れたい場所である。　　　　（山本）

小手鞠るい 著
『ある晴れた夏の朝』
（偕成社）

さまざまなルーツをもった
高校生がディベートで
“原爆”の是非を問う

小手鞠るい　こでまり・るい

1956年岡山県生まれ。1981年「詩とメル
ヘン」賞、1993年「海燕」新人文学賞を受
賞。絵本『ルウとリンデン　旅とおるすば
ん』でボローニャ国際児童図書賞、本作品で
小学館児童出版文化賞受賞。作品はほかに
『欲しいのは、あなただけ』『美しい心臓』
『アップルソング』『星ちりばめたる旗』『私
たちの望むものは』などがある。『思春期』
『窓』などの児童書のほか、『優しいライオ
ン』などエッセイ集も多数。ニューヨーク州
在住。

突然だがあなたは、広島と長崎に落とされた原爆は是か非か、と問われたらどう答えるだろう？　日本では圧倒的に非が多いだろうが、アメリカの学校では「原爆投下は、戦争を終わらせるために必要だった」と教わると聞く。日本の方が先に戦争を仕掛けたとか、日本も他国民を虐殺したではないかと言う者もいるだろう。

　この小説の舞台は現代のアメリカ。日系アメリカ人のメイをはじめ、ユダヤ系、アフリカ系など、ルーツの違う高校生たち8人が、市民を交えた公開討論会（テーマ「戦争と平和を考える」）で肯定派・否定派に分かれて「原爆の是非を問う」ディベートを行うというものだ。相手の論理、発言を踏まえながら、具体的な資料や数字、歴史的な事実を挙げることにより、思い込みや感情論ではない議論となり考えが深まっていく。原爆だけではない、今も続く戦争や人種差別の問題にもつながっていき、自分の問題として世界平和の創造へと議論は収斂していく。

　ディベートを小説にしているからといって堅い話ではなく、登場人物の心情や家庭なども丁寧に描かれ、高校生たちの真摯な姿が生き生きと浮かび上がる。私たちは、メイやほかの高校生とともに思いも追体験できる。

　文中にこのようなところがある。「異なる意見を持つ、ということと、友情とは、はっきり分けて考えなくてはならない」「意見だけじゃなくて、感じ方や性格や好みや主義主張、人種、民族、宗教などをふくめて、人と人とは異なっている。異なっているからこそ、人間というのはおもしろいのだし、わたしたちはその差異を受け入れ、異文化を学び、成長していかなくてはならない」と。この小説は、多国籍の人の増加、インターネットの情報やフェイクニュースに踊らされている現在の日本への問題提起でもあるだろう。

　この本は、第65回青少年読書感想文全国コンクールの課題図書（中学校の部）の1冊でもある。多くの学校、生徒に手渡される機会が増えることを喜びたい。課題図書は、「豊かな読書体験となる作品であること」や「人権尊重の精神が貫かれていること」などを選定の観点として、毎年おすすめの本が選ばれる。中学校・高等学校の部の課題図書を並べるだけでもYA図書コーナーを作ることができる。単年度で終わるのではなく、長く読み継いでいきたいものだ。

　心に残っている高等学校の部の課題図書には、『TN君の伝記』（なだいなだ）、『谷は眠っていた』（倉本聰）、『博士の愛した数式』（小川洋子）、『光が照らす未来』（石井幹子）、『村田エフェンディ滞土録』（梨木香歩）等々、今でもすすめたいものが多くある。

　若者の心を揺さぶる質の高い作品を、これからも手渡していきたい。（高見）

岸政彦 著
『はじめての沖縄』
（新曜社）

修学旅行の前に
"沖縄"を考える

岸　政彦 きし・まさひこ

1967年大阪府生まれ。社会学者、大学教授。
研究テーマは、沖縄、生活史、社会調査方法
論。『断片的なものの社会学』で2016年紀
伊國屋じんぶん大賞受賞。著書に『街の人
生』『質的社会調査の方法：他者の合理性の
理解社会学』（石岡丈昇、丸山里美と共著）
『ビニール傘』などがある。

おばあたちの
「豊かな経験知」と「学ぶ幸せ」

盛口　満 もりぐち・みつる

1962年千葉県生まれ。中学・高校の理科の
教員の傍ら一般向けの自然科学書を執筆。
2000年に沖縄に移住。2007年こども文化
学科が立ち上がった際に、沖縄大学の理科教
育の教員として赴任。『身近な自然の観察図
鑑』『ゲッチョ先生の昆虫と自然の描き方教
室』など著書多数。

盛口満 著
『めんそーれ！化学：
おばあと学んだ理科授業』
（岩波ジュニア新書／岩波書店）

今年の修学旅行先は、沖縄だった。梅雨の最中の日程だったが、悪天候によるプログラムの変更も無く、無事に旅を終えて帰校した。

　前年の事前学習を兼ねた道徳の授業で、「沖縄の基地について考えよう」というテーマのグループ学習を行ったとき、この授業をとりまとめているK先生から、「沖縄の基地についての資料が欲しい」と依頼があった。自校の蔵書から私が十数冊提供した中に、『はじめての沖縄』という本がある。若い時、沖縄に出合い、沖縄に憧れ、沖縄に胸を焦がす「沖縄病」にかかってしまった著者が、今は沖縄を研究する社会学者として、「沖縄とは何なのか」を断片的に語っているというものだ。この本について少し詳しく説明すると、K先生は、「私もすぐに読みます」と言って、3日後、「読みました。生徒には少し難しいと思いますが、この本を授業に生かしたいと思います」と知らせてくれた。

　基地についての動画などを見たあと、生徒たちは、『はじめての沖縄』の序章「沖縄について考えることについて考える」の一部を読み、班で話し合いを行った。当然、確かな答えなど無いが、生徒たちは沖縄について考える経験をした。そして、修学旅行で、沖縄県平和祈念資料館やガマを訪れ、民家での宿泊やマリンスポーツを体験し、ほとんどの生徒が「はじめての沖縄」を経験したのである。

　しかし、その経験は、沖縄のほんの一部分に触れたにすぎない。今、3年生は旅のまとめに取り掛かっている。事前学習で学んだ、「アメリカによる占領後に日本に『復帰』したあとも、基地をそのまま残存させた」私たち「ナイチャー」と沖縄の人びと「ウチナンチュ」の二つの社会について考え続けていく姿勢を感じられるまとめになればと思う。

　最近、沖縄を考える本のコーナーに『めんそーれ！化学：おばあと学んだ理科授業』という本が加わった。著者が1年間教壇に立った、沖縄県那覇市にある夜間中学での理科の授業記録である。

　夜間中学の生徒は戦中戦後、義務教育を受けられなかった高齢の女性たち、沖縄のおばあちゃん、「おばあ」たちだ。理科を学んだことのないおばあたちは身近な料理体験などを通して分子やイオンや金属の三大性質を学んでいく。おばあの「豊かな経験知」と「学ぶ幸せ」にあふれるこの1冊は、今、2年生の理科の先生の手元にある。

　学びの現場に存在すべき本は、先生を通して生徒に届いていく。生徒に届いたその本が、「考える」きっかけになると信じている。
　　　　　　　　　　　　　（道浦）

ピーター・タウンゼント 著
中里重恭 訳
『ナガサキの郵便配達』
（スーパーエディション）

イギリス人の目で
ていねいに描くナガサキ

ピーター・タウンゼント Peter Townsend

イギリス人作家、元英国空軍大佐。1982年に
長崎を訪れ取材を重ねて綴った、被爆者の真実
が本作品『THE POSTMAN OF NAGASAKI』。
著者の娘イザベルを主演に本作品に関わるド
キュメンタリー映画の制作が日本で進んでい
る。著者は、映画「ローマの休日」のモデル
とも言われている。

「紙芝居屋」「金魚売り」
知ってますか？

澤宮　優 さわみや・ゆう

1964年熊本県生まれ。ノンフィクション作
家、エッセイスト。『巨人軍最強の捕手』で
第14回ミズノスポーツライター賞優秀賞を
受賞。著書に『戦国廃城紀行』『「あぶさん」
になった男』などがある。

平野恵理子 ひらの・えりこ

静岡県生まれ、横浜育ち。イラストレーター。
山歩き、旅、暮らしに関するエッセイも執筆。
『私の東京散歩術』『料理図鑑』『生活図鑑』
などがある。

澤宮優 文
平野恵理子 イラスト
『イラストで見る昭和の消えた仕事図鑑』
（原書房）

今年も原爆の日がやってきた。2019年の８月９日、「ナガサキの郵便配達制作プロジェクト」により、英国人作家ピーター・タウンゼントのドキュメンタリー小説『The Postman of Nagasaki』（Collins、1984）の完全翻訳版が出版された。

1945年８月９日午前11時２分、長崎に投下された原子爆弾。赤い自転車に乗って郵便配達中だった16歳の谷口稜曄（たにぐちすみてる）さんは、爆心地から1.8km地点で被爆した。赤く焼けただれた背中でうつぶせのまま１年９か月を過ごし、３年７か月の入院生活後に退院。核廃絶運動とともにその後を生き抜いたスミテルさんは、当時の写真と共に、アメリカ、ヨーロッパの10か国以上で被爆の悲惨さを語り続け、2017年８月30日に88歳で亡くなった。

そのスミテルさんのことを書いたのがこの本だ。イギリス人の目で、さまざまな資料を読み込み、開戦や終戦に向かう政府と軍部や天皇陛下とのかかわりも詳細に記されていて興味深い。スミテルさんの生い立ちから、被爆、苦しい治療の日々、結婚そして物心ついた子どもたちに背中の火傷（やけど）を隠さず海水浴場を歩く姿を見せる場面と、ていねいな取材の下に描かれた作品だ。1985年に出版された邦訳は、フランス語訳の本からの重訳であり後に絶版となっていた。残念ながら、完成を楽しみにしていたスミテルさんに手渡すことはできなかったが、「平和の教科書」として、読み継がれることを願う大勢の協力者の思いが詰まった１冊である。

もう１冊、ご紹介したいのは『イラストで見る昭和の消えた仕事図鑑』。カテゴリー別に「運輸の仕事」「製造・小売りの仕事」「サービス・その他の仕事」など読みやすい工夫がなされ、ていねいなイラストとdataとしてその仕事を数字で表す囲み記事がある。「紙芝居屋」や「金魚売り」には、「それ、あった、あった！」と一人で読みながら思わず声が出た私は、それなりの年齢であることは間違いない。

時代とともに次々と消えゆく仕事があって、その半面、新しく生み出される仕事があって。一昔前には、こんな仕事があったのか？　とYA世代が驚きを持って読むことができ、祖父母との話題づくりにもなる本ではないかと思われる。職場体験等で老人施設に行くときに携行すると、自然と人が集まって来て話の輪が広がるのではないだろうか。

そう考えながら、ふと前述の本が頭に浮かんだのだ。「郵便配達」の仕事は、これからも残り続けて行くだろうと。

（山本）

リービ英雄 著
『英語でよむ万葉集』
(岩波新書／岩波書店)

「恋ふ」はloveでも 愛でもなく、淋しさ

リービ英雄 Hideo Levy

1950年アメリカカリフォルニア州生まれ。1967年に初訪日。その後アメリカと日本を往還。プリンストン大学時代、中西進氏に『万葉集』を学んでいる。1982年万葉集の英訳により全米図書賞を受賞。本作品はその中から選りすぐりの50首の対訳とエッセイである。1989年から日本に定住。『星条旗の聞こえない部屋』で1992年に野間文芸新人賞を受賞。2017年『模範郷』で読売文学賞受賞。

書きだしたら 楽しくなってきた

小笠原喜康 おがさわら・ひろやす

1950年青森県生まれ。日本大学文理学部教授。専門は博物館教育論、学力論 など。2002年刊行の『大学生のためのレポート・論文術』はロングセラー。著書はほかに『議論のウソ』がある。

片岡則夫 かたおか・のりお

1963年神奈川県生まれ。清教学園中・高等学校探究科教諭。図書館を使った探究学習・論文作成の実践指導に携わる。2014年に学校図書館大賞を受賞。著書に『「なんでも学べる学校図書館」をつくる』(共著)『子どもと本をつなぐ一学校図書館の可能性』などがある。

小笠原喜康、片岡則夫 著
『中高生からの論文入門』
(講談社現代新書／講談社)

「令和」の出典ということで、脚光を浴びている万葉集。本校では、毎年1学期に中学3年古典の授業で、万葉集をテーマに小グループに分かれて学校図書館で関連資料を調べ、発表している。発表形式は、模造紙、プレゼンテーションソフト、動画、芝居仕立て等自由。今回、万葉集の「誰そ彼」の歌がモチーフの映画「君の名は。」が話題となっていた。

著者のリービ英雄さんは、新聞記事（日本経済新聞2019年5月19日朝刊）で、万葉の時代は中国大陸から多大な影響を受けていた時代で、「2つの言語を並べて新たな表現を創った歌人たちが、きっとバイリンガル・エキサイトメント（多言語的高揚感）を感じたであろう」と述べている。

この本は、彼が英訳した万葉集の一部とその解説となっている（英訳は、全米図書賞を受賞）。外国語を通してみると、また新たな万葉集の世界を重層的かつ深層的に味わうことができる。例えば「真白にそ」の「そ」の強調を、white, pure whiteと表現する。香具山は、実際に行ってあまりにも小さかったので、mountainをhillとしている。「恋ふ」は、現代のloveでも愛でもなく、「いっしょにいない」淋しさを表現していると分析する。異なる言語と比較することで浮かびあがる万葉集は、中高生にとって新鮮な驚きだったようだ。

2020年度から大学入試が大きく変わる。探究力、構築力、表現力がより求められ、主体的な学習が重んじられる。そこで、論文は今の中高生にこそ必要だと、この本は説く。

調べ学習やレポートを発展させ、論文は、自分なりの問いに対して、先行研究、関連資料収集、実験やフィールドワークなどを経て論理的にオリジナルの結論を導くものである。そのプロセスこそ学びの宝庫である。論文執筆に戸惑う中高生が多いだろうが、「論文は、書くから書けるようになる」という著者の助言が、しっくりくる。まず書き始めてみることである。

本校は、高校1年から2年にかけて、約1年間好きなテーマで論文を書くことになっている。無理だと言っていた生徒が、書きだしたら楽しくなってきたということも多い。いろいろ思案しながら、関連資料を読み込んだり、関連本の著者に会ったり、関係者にインタビューしたり、校内アンケートをしたりして書き上げた生徒たちは一段と成長する。

この本は、論文を執筆するにあたって取材先への手紙の書き方等手順が隅々まで生徒目線でとても懇切丁寧に書かれている。最後の論文チェックシートで確認すれば適切な論文が完成する仕組みとなっている。　　（前田）

寺田寅彦 著
池内了 編
『科学と科学者のはなし』
（岩波少年文庫／岩波書店）

「生きた言葉」と出会い
世界を広げ深めていく

寺田寅彦　てらだ・とらひこ

1878〜1935年。東京都生まれ。東京帝国
大学で物理学をおさめ、明治から昭和にかけ
て物理学者として多くの弟子を育てるととも
に科学に関する多くのすぐれた随筆を著した。
地震、火山、気象など日本の防災についての
提言をした功績も大きい。本作品は『寺田寅
彦全集』を底本としている。

池内　了　いけうち・さとる

1944年兵庫県生まれ。名古屋大学名誉教授
で宇宙物理学が専門。科学・技術と社会に関
わる著書に『科学者と軍事研究』『科学者と
戦争』『科学・技術と現代社会』『科学の限
界』『観測的宇宙論』『お父さんが話してくれ
た宇宙の歴史』などがある。

初秋の朝、私の傍らを自転車に乗って幼稚園に向かう父子が横を通っていった。女の子は後ろからお父さんの腰に手を伸ばしてご機嫌な様子。どうやら二人はしりとりをしているらしい。「すなあそび」「びーだま」「ま、ま、まくら」。彼女が今もらった言葉は父の体温や、自分のほっぺたに当たる風の感覚と一緒に蓄えられるんだろうなと感じた。

学校図書館にいて、生徒の求める本を選ぶのはたやすくない。生徒の言葉の背景が「読む」ことに深く関わるし、各自の持つ「無限の宇宙」（※『子どもの宇宙』河合隼雄著、岩波書店、1987）に思いをはせなくてはならない。言葉は、前述の女の子のように、生徒がお乳をもらうころから長い年月をかけて手に入れるものだろう。どんな書かれ方なら「この生徒」に生きた言葉として届き、心の宇宙に受け入れられるのか、想像の世界へ入っていけるのかと考える。

新しく私が着任した中学校図書館にもいろいろな生徒が来館する。春から自然科学の図鑑を床に広げて読みふけっていた女子は、秋になって「私が知らない言葉がたくさん紹介されていて、使い方が書いてある本はあるか」と問う。『科学と科学者のはなし』を開き「身の回りのことをおもしろい見方で書いてあるよ。金平糖食べたことある？」と渡した。著者は明治から昭和に生きた優れた物理学者であり、文学者でもあった。波や蓑虫、花火など自然の現象を観察したこの随筆集でも、身近な事象を鋭い観察でとらえ「空想のはしご」を登って謎に迫っていく。金平糖を凝視しながら角の数はなぜ一定なのか興味を覚え、将来の物理学の基礎に関わるだろうと予言する。あわせて学生時代に出会い、敬愛した漱石について「自然の美しさを自分の眼で発見すること」「人間の心の中の真なるものと偽なるものを見分け」「真なるものを愛し偽なるものを憎むべきと教えられた」と書く。

『科学と科学者のはなし』を返しに来た彼女は、「初めて読むような話だった」と言った。自然科学への興味から「もっと言葉を知りたい」と踏みだした彼女に、著者の根拠のある言葉はどう響くだろう。子どもたちには、自分の「秘密」の世界があって、興味の先に連なる「生きた言葉」に出会ってその世界を広げ深めていくだろう。

10年ほど前、入学以来私が本の紹介をしてきた小学6年生の男子が「物語と聞くと夢、架空、幻みたいなイメージがあって現実的でないという感じなので読む気がしなかったけれど、言葉で伝えてもらって楽しさがわかるようになった」と言った。

子どもが内面の「宇宙」のありようを表す言葉はいつも忘れ難いし、「成長する人と読むこと」について考える示唆を、私に与え続けてくれる。　（高橋）

竹内悊 著
『生きるための図書館：一人ひとりのために』
（岩波新書／岩波書店）

本と人をつなぐこと、
それが使命

竹内　悊 たけうち・さとる

1927年東京都生まれ。1979年ピッツバーグ大学図書館情報学大学院博士課程修了。1954年から66年まで中・高等学校、大学図書館に司書として勤務。図書館情報大学名誉教授。『「図書館学の五法則」をめぐる188の視点』などがある。

私が図書館の仕事について困ったり悩んだりするときに思い出すのが、「図書館学の五法則」である。五法則とは、「一．本は利用するためのものである。二．いずれの人にもその人の本を。三．いずれの本にもすべてその読者を。四．読者の時間を節約せよ。五．図書館は成長する有機体である」というもので、私にこの五法則との出会いを作ってくださったのが、『生きるための図書館』の著者、竹内悊先生である。この本は、先生のお人柄そのままが表れている、読みやすく親しみやすい本である。

　第1章では地域の図書館の日常の様子が描かれる。先生はこの図書館で一日過ごし、利用者と図書館員の様子を見守る。人の目に見えない司書の仕事として、「選書」や「図書館の利用に困難のある人々へのサービス」「学校への支援」が語られる。「公立図書館」の機能を見ていくことで、私たちは図書館サービスの基本を学び、利用者のためになにができるかということが、学校図書館の仕事を考える根幹だからである。

　学校図書館は、第5章で取り上げられている。ここでは、小学校、中学・高等学校の学校図書館の様子が描かれ、ある小学校の図書館の「としょかんのちかい」には「（一）みんながよみたいほんをよめるようにじゅんびします。（二）みんながしらべたいことを、本やしりょうでおうえんします。（三）

だれがどんなほんをよんでいるか、ひみつをまもります。〇としょかんは、こんなことをがんばったり、きをつけます」と掲げられていると書かれている。この短い言葉の中に、学校図書館の役割が凝縮されている。

　竹内先生は、この地域の学校図書館を何度も訪問し、そこにいる学校司書と「図書館の自由の宣言」についての勉強会を開き、学校図書館とはどういう場所なのかを、4つの定義にまとめている。

　私の今の気がかりは、「子どもの貧困」のことである。ある日の授業で生徒たちが貧困対策について考え、ひとつのグループが学力をつけることが貧困対策につながると発表していた。貧困が教育格差を助長させているとはよく言われる。貧困家庭は子どもに目が届かないので勉強もわからなくなるから、学習サポートを充実させるというのが生徒たちからの提案だった。

　子どもの学習意欲をかき立てるのは何なのだろうか。それを手助けしてくれるのは、本ではないだろうか。学ぶことと読書は切っても切り離せず、読めないと学べない。また、家庭状況は違っても学校はすべての子どもを受け入れるところなのである。「一人ひとり、そしてみんなが、生きるための図書館」。本と人をつなぐ。それが、私たち学校図書館に関わる一人ひとりに課せられた使命である。　　　（木下）

磯部洋明 著
『宇宙を生きる：
世界を把握しようともがく営み』
（小学館）

幅広い読書や
分野を問わない「学び」から
深い思索へ

磯部洋明　いそべ・ひろあき

1977年神奈川県生まれ。京都市立芸術大学
准教授。京都大学大学院理学研究科博士課程
物理学・宇宙物理学専攻修了。ケンブリッジ
大学客員研究員、京都大学宇宙総合学研究ユ
ニット特定准教授などを経て現職。2009年
文部科学大臣表彰・若手科学者賞受賞。

科学が進歩していく中で、技術的な可能性が広がり、いまや宇宙に行くこともSFの世界のことではない。グローバル化とかよき地球人とよく言われるが、その先私たちは、宇宙（の生命体）とどう付き合っていくのか。私たちはよき宇宙人となれるのだろうか。

　科学技術の問題だけではなく、私たちはどんな社会を作っていくのか。著者は物理学者ダイソンの言葉を引き、「われわれは、単なる観察者ではなく、宇宙のドラマの俳優」であり、宇宙を研究することによって、現在の問題も見えてくる、倫理的なことや価値観までが問われると言う。

　宇宙物理学が専門の大学教員である著者は、この本で宇宙のことを語りながら、宇宙研究とはどういう営みか、それを通して「学問とは何か」「学ぶとは何か」を考えていく。

　科学に関係しているけれど科学だけでは答えることのできない「トランスサイエンス問題」についても、原子力発電や出生前診断の是非を取り上げ、その当時日本ダウン症協会の理事長だった玉井邦夫氏の、「文化という知恵」「多様な子どもたちと生きる知恵」の言葉を引用する。そもそも、「役に立つ」とはどういうことか。「何かが役に立つかどうかを判断するためには、前提としてそもそも私たちは何に価値を置き、どういう社会を作ろうとしているのかを考えておかなくてはいけま

せん」と述べている。

　著者は彼が高校3年生の時に私が担任した生徒で、成長した彼の本を紹介できるのもうれしいことである。彼が宇宙への関心を持ったきっかけは、加古里子の絵本『宇宙：そのひろがりをしろう』（福音館書店）だったそうで、この本には、宇宙科学に関する本だけでなく、『ダンゴムシに心はあるのか：新しい心の科学』（森山徹著、PHP研究所）『イェルサレムのアイヒマン：悪の陳腐さについての報告』（ハンナ・アーレント著、大久保和郎訳、みすず書房）、世阿弥の言葉、横内武男氏（ハンセン病患者）の短歌など、分野を問わず、人間や学問に関する鋭い言葉がたくさん紹介、引用されている。幅広い読書や学問分野を問わない研究のつながりが深い思索へとつながっていることがわかる。

　学問とは「自分を豊かにするもの」と書くと同時に「他者との関わりの中でどう生きるかということに活かしてもらえたら」とも書いている。高校生だった自分に向けて書いたとも言っていた。中高生時代は、自分や人生を見つめ、より深い意味を問おうとする時期であり、学校は、学ぶところである。その「学び」についての先輩から後輩へのメッセージともいえるこの本を、宇宙時代を生きて行く中高生への応援をこめて贈りたい。　　　　（高見）

コラム YAの担い手たち③

作家 梨木香歩（なしきかほ）

『西の魔女が死んだ』は、ずっと若者の愛読書である。学校に行きづらかった少女が、自然豊かなおばあちゃんの家で自分の居場所を見つけてゆく物語だ。

『西の魔女が死んだ』
（新潮文庫／新潮社）

『村田エフェンディ滞土録』は若い考古学者が留学先の土耳古（トルコ）で、多様な文化を背景に青春の日々を過ごす。友人の「およそ人間にかかわることで、私に無縁なことは何もない」という言葉、鸚鵡（おうむ）の「友よ!」という叫びが印象的だ。読書感想文コンクール、高校の課題図書になった。

あまり人前には出ない梨木香歩が、最近は積極的に若者に呼びかけているように感じる。『きみたちはどう生きるか』（吉野源三郎）へのオマージュを込めて、現代の子どもたちに問いかけたのが、『僕は、そして僕たちはどう生きるか』。そして、岩波現代文庫版出版を記念した講演会での話をまとめた『ほんとうのリーダーのみつけかた』。梨木香歩は、時代を見据え、深い思索と共に若者に声をかけ続けている。

『村田エフェンディ
滞土録』
（角川文庫／KADOKAWA）

『僕は、そして僕たちは
どう生きるか』
（理論社）

『ほんとうのリーダーの
みつけかた』
（岩波書店）

4章

中高生にも絵本を

人生や愛をこんなに語り合えるなんて

佐野洋子 作・絵
『100万回生きたねこ』
（講談社）

佐野洋子 さの・ようこ

1938〜2010年。幼少期を北京で過ごす。
武蔵野美術大学デザイン科卒業。ベルリン造
形大学でリトグラフを学ぶ。最初の創作絵本
は『すーちゃんとねこ』。『ねえ　とうさん』
で日本絵本賞、小学館児童出版文化賞受賞。
そのほかエッセイ集も多数刊行。『神も仏も
ありませぬ』で小林秀雄賞。『死ぬ気まんま
ん』が最後のエッセイとなる。2003年紫綬
褒章受章。

『100万回生きたねこ』は、100万回死んで100万回生きたねこの話。ミュージカルにもなった有名な絵本なので、読んだことのある人も多いだろう。しかし、若い女性好みの甘い本と思われているとしたら、とても残念である。

その年の私のクラスの図書委員は、たまたま男子2人だった。HR読書会の時期になって、いつまでたってもクラスで取り上げる本が決まらない2人に、担任の私が提案したのがこの絵本だった。半ば挑発でもあった。「えっ、絵本?」と反発して、自分たちで本を探してくればそれも良し、と思っていたら、次の日「この絵本をやりたい」と申し出てきた。「この作品のラストが理解できないから」と。

HR読書会では、まず図書委員が前に立って絵本の読み聞かせを行った後、班に分かれて、この作品のラストについて話し合い、最後に全体で班の意見を発表し合った。みんな真剣かつ和気藹々と話し合いを行っていた。事後に回収した感想では、人生や愛について考えたというもの以外に、自分とは違う考えが聞けて良かったという感想も多かった。図書委員の男子の読み聞かせも好評であった。

高校3年生の2学期のことである。早い生徒はもう推薦やAO入試を受け始めている時期で、読書会のテーマも進路を見据えて選ぶように指示されて

いた。その時期にもっとふさわしい本があるのではないかと言う人もあるかもしれない。しかし、この絵本は実は、私の知る限りでも2校の国立大学入試の小論文の題材に選ばれたことがある。入試に出るからいい本だというのではない。入試の題材になり得るほどの深い内容を持った本だということだ。

絵本というのは、人生とか愛とか生きる意味とかいった哲学的な問題について、子どもにでも読める形で提示してくれる媒体なのである。ただし、子どもにも読めるからといって、必ずしも子どもに分かるとは限らない。生徒の感想に時々出てくるのだが、「昔読んだときとは印象が変わった」というのは、その人の人生の時期によって、その本の持つ意味の見え方が変わってくるということだ。私が高校の授業やHRで取り上げる絵本はいろいろあるが、もっともよく取り上げ、なおかつ絶対に外れない、つまり必ず生徒が感動してくれる絵本がこの『100万回生きたねこ』である。それも、1年生よりは2年生、3年生と学年が上がるほど手応えが良くなるのである。

最後に触れておきたいのだが、絵本は絵と文からなる総合芸術だ。だから、文字だけでなく絵もよく見てほしい。できれば誰かの読むのを聞きながら、絵だけを見ると、絵が文字以上のものを語っているのが分かるはずだ。佐野洋子の絵は雄弁だ。　　　　　（中村）

長田弘 著
『**長田弘全詩集**』
（みすず書房）

「今日、あなたは
空を見上げましたか」

長田　弘 おさだ・ひろし

1939年福島県生まれ。詩人。毎日出版文化
賞、桑原武夫学芸賞、講談社出版文化賞等受
賞多数。代表作に『深呼吸の必要』『世界は
うつくしいと』など。『最初の質問』は教科
書で覚えた名詩として広く知られる。エッセ
イに『懐かしい時間』、絵本に『森の絵本』
『空の絵本』などがある。

毎日、誰かが手に取って
読んでいた絵本

長田弘 詩
いせひでこ 絵
『**最初の質問**』
（講談社）

いせひでこ 伊勢英子

1949年生まれ。東京芸術大学卒業。画家、
絵本作家。デビュー作『マキちゃんのえにっ
き』で野間児童文芸新人賞受賞。『むぎわら
ぼうし』はにっぽん絵本賞、『ルリユールお
じさん』は講談社出版文化賞絵本賞など数々
の賞を受賞。3.11以降、一本の木を取材し
続ける姿を追ったドキュメンタリー映画も制
作発表された。

カウンターの空きスペースに、最近のニュースや話題に関連した本や季節の本、学校行事にちなんだ本を1冊、ひと言添えて日替わり展示していた。パラパラめくられたり、表紙だけチラッと見られるだけだったり、生徒から見向きもされなかったりで、次の日には書架に戻される本も少なくなかった。そんな展示スペースに1か月以上君臨した本があった。長田弘の詩の絵本『最初の質問』である。

当時『長田弘全詩集』（みすず書房）が発行され、1学期の購入リストに挙げられていたが、生徒たちにもっと気軽に詩にふれてもらうきっかけになればと、絵本も併せて選書した。その後、校長先生が「『最初の質問』が届いたのですね。明日の生徒集会で読み聞かせたいと思うので」と借りに来られた。校長先生は以前からこの詩が大好きで、この絵本もご存じだということだった。

そして明朝、校長先生の生の声でこの詩は全校生徒へ届けられた。現場に居合わせることはできなかったので、その時の生徒たちの様子は分からなかったが、その後の学校図書館での生徒たちの行動から十分うかがい知ることができた。集会終了後すぐ返却された『最初の質問』は、その日のうちに「校長先生が読まれた詩の絵本」というメッセージとともにカウンターに配架された。1番に手に取ったのは当番でやってきた図書委員の男子生徒で、

「今日、あなたは空を見上げましたか」と小声で読むと、いせひでこさんの美しい絵をしばらく眺めていた。次に女子2人組が絵本を取り囲み、ページをめくりながら時折顔を見合わせて何か言いながら読み合っていた。その後も、一人で声を出して読む生徒、ある1ページにじっと目を落とす生徒と、『最初の質問』は生徒の手から手へ渡り、昼休み終了までカウンターには戻ってこなかった。次の日からも同じような状況が続き、気づけばこの絵本はひと月以上カウンターの上に置かれ、毎日誰かに読まれていた。

貸し出されることはあまりなかったが、これまでこんなにたくさんの生徒たちが手に取った本はほかにはない。何よりも校長先生が全校生徒の前で読んだのだから、生徒全員が読んだ本と言ってもいい。

その年度の卒業式、『最初の質問』はもう一度、校長先生から贈る言葉と共に、卒業生はもちろん在校生、職員、保護者や地域の人たちにも届けられた。あの時の生徒は、琴線に触れた詩の言葉、長田さんからの質問を、今も時々心の奥から取り出して自ら問うているかもしれない。「時代は言葉をないがしろにしている──あなたは言葉を信じていますか」
　　　　　　　　　　　　　　（道浦）

阪神淡路大震災
伝えたい思いが花を咲かせる

指田和子 作、鈴木びんこ 絵
『あの日をわすれないはるかのひまわり』
（PHP研究所）

姉・いつかさんの思い

加藤いつか 著
『はるかのひまわり』
（苦楽堂）

加藤いつか　かとう・いつか

1995年1月17日、神戸で阪神・淡路大震災で中学3年生のときに被災。当時6年生の妹はるかを失う。地域の人たちが始めた「はるかのひまわり」のタネをまく活動は、NPO法人阪神淡路大震災「1.17希望の灯り」に引き継がれている。

指田和子　さしだ・かずこ

1967年埼玉県生まれ。出版社で子ども雑誌などの編集を経たのちフリーとして活躍。阪神・淡路大震災のときにはボランティアとして神戸で被災した子どもたちと交流した。著書に『ヒロシマのピアノ』『海を渡ったヒロシマの人形』などがある。

鈴木びんこ　すずき・びんこ

埼玉県生まれ。フリーイラストレーター。作品に『風のカケラ』『The MANZAI』『12歳たちの伝説』『てがみのひみつ』などがある。

たにかわしゅんたろう ぶん
Noritake え
『へいわとせんそう』
（ブロンズ新社）

モノトーンの絵が
"考える余白"与える

谷川俊太郎　たにかわ・しゅんたろう

1931年東京都生まれ。21歳で第一詩集『二十億光年の孤独』を刊行し、その後映画、作詞など幅広い分野で活躍。絵本『もこもこもこ』、翻訳絵本『スイミー　ちいさなかしこいさかなのはなし』など作品多数。

Noritake　のりたけ

1987年兵庫県生まれ。広告、書籍、ファッション、プロダクト制作など国内外で活躍するイラストレーター。作品に『秘密基地の作り方』『えいごのもと』などがある。

今年度の本校の生徒会活動のひとつに「はるかのひまわり絆プロジェクト」への参加がある。1995年の阪神・淡路大震災で、11歳の加藤はるかさんは命を失った。半年後、はるかさんの家があった空き地に無数のひまわりの花が咲いているのを地域の人が見つけ、「はるかのひまわり」と呼ぶようになった。そのひまわりの種を希望する場所へ送り、それぞれの場所で育て咲かせることによって、災害の悲惨さと命の尊さを再考する機会とし、「人の尊厳」と「人との関わりの大切さ」を広めることを目標とする活動である。

参加に先がけ、生徒会役員の生徒たちはドキュメンタリー番組を元に作られた絵本『あの日をわすれないはるかのひまわり』の読み語りを全校集会で行った。「伝えたい」と思う生徒の声を通して、多くの生徒たちにこの本の思いが伝わっていくのを感じた。特別支援学級の生徒と生徒会の生徒が種をまき育てたひまわりは、この夏大きな花をたくさん咲かせ、今は次につなげる種が熟している。

絵本より1年早く出版された、はるかさんの姉いつかさんがつづった手記『はるかのひまわり』が、神戸の出版社の手で再版された。突然妹を亡くしたいつかさんと我が子を亡くした母との葛藤、自らを見失ってしまった体験、そこからの自己と家族の再生が素直な文章で語られ、いつかさん自身が親となった今思うことも加筆されている。

夏休み前、この本を借りていった生徒は、新学期元気よく来館し、「読んでよかった」と言って返してくれた。

司書教諭のI先生は、学校司書とは違う視点で選書する。その中の1冊『へいわとせんそう』には生徒たちへのメッセージを添えてくれた。

「『へいわ』はなぜ大切にしなければいけないのか？ 『せんそう』はどうしてダメなのか？ こんな世の中だからこそ、もう一度考えてみませんか？」

谷川俊太郎さんのことばにNoritakeさんのモノトーンの絵が読み手に考える余白を与える。展示中、多くの生徒が手に取り黙って読む姿を見た。

子どもの本には基本的に、子どもたちの幸せと平和への願いが込められている。本の作り手と子どもに関わる大人たちは、この思いをのせて子どもたちに本を届ける。あとは、本の力を信じて子どもたちに委ねるしかない。今年採れたひまわりの種が、来年も大きな花を咲かせることを願うように。

（道浦）

クリスマスに静謐（せいひつ）な世界の贈り物

クリス・ヴァン・オールズバーグ 絵・文
村上春樹 訳
『急行「北極号」』
（あすなろ書房）

クリス・ヴァン・オールズバーグ　Chris Van Allsburg

1949年アメリカミシガン州生まれ。ミシガン大学、ロードアイランドデザイン学校で彫刻を学ぶ。彫刻と絵画は、ホイットニー美術館や近代美術館に展示されている。『急行「北極号」』で1986年度コルデコット賞受賞、作品は『ジュマンジ』『西風号の遭難』など多数。

高校生になって
読み聞かせてもらえるなんて

中川李枝子　なかがわ・りえこ

札幌市生まれ。東京で保母として働きながら児童文学グループ「いたどり」の同人として創作活動を続けた。1962年刊行の『いやいやえん』で厚生大臣賞など多数受賞。本作品も同賞を受賞。「ぐりとぐら」シリーズ、『ももいろのきりん』『そらいろのたね』『こだぬき６ぴき』など多数。長年読み継がれているベストセラーである。

山脇百合子　やまわき・ゆりこ

東京都生まれ。実姉中川李枝子とコンビで多くの絵本を手がける。

なかがわりえこ 文
やまわきゆりこ 絵
『ぐりとぐらのおきゃくさま』
（福音館書店）

12月に入ると街はクリスマス一色に染まるが、3学期制の高校では期末考査が目前に迫る。そんな時、試験範囲まで授業が終わってしまい中途半端に授業時間が余ったりすると、「クリスマスプレゼント」と称してよく絵本を読んだ。時間が20分以上あれば『急行「北極号」』、時間が少ないなら『ぐりとぐらのおきゃくさま』が定番だった。

　クリスマスイブの夜中、家の前に止まった列車に乗って少年は、はるか北極点を目指す。北極点で出会うのは、大勢の小人と、プレゼントを積んだそりに乗って出かけようとするサンタクロース……。

　オールズバーグの作品は、その緻密で重厚な絵とどこか客観的な語り口から、どんな題材を扱っていても静謐な印象が漂う。絵本としては長いこともあり、退屈する者がいるのではないかと思ったこともあるが、生徒はいつも最後まで熱心に聞いてくれた。

　生徒からは、「絵がリアルですごかったです」「サンタさんに私も会いたい。この絵本すっごくすっごくほしい!!!」「クリスマス、私もよくサンタさんが来るまで起きてようとしてました。すごくなつかしいです」などの感想が聞かれた。

　「ぐりとぐら」のシリーズの絵本は、とり出した瞬間、教室の雰囲気がふわぁっと和む。高校生を、一瞬で幼児期に引き戻す力を持っているのである。『ぐりとぐらのおきゃくさま』は、ぐりとぐらが雪の中帰宅するとサンタクロースが来ていたという話だが、読むにつれ、高校生が童心に返って、雪の上の足跡の主を本気で考え始める様子は、ほほ笑ましい。

　こちらも生徒の感想を挙げる。「最初、大きな穴が雪男かと思って怖かったけど、その正体がサンタでよかったなあと思った。あのケーキがすごくおいしそうだった」「まさか高校生になって絵本を読んでもらえるとは思いませんでした。『ぐりとぐら』は小さいころ何回か読んだのでとても懐かしかったです」「『ぐりとぐら』シリーズは母親が好きなので小さい頃から読んでもらっていた。さすがに高校生にもなると絵本は読まなくなっていたが久々にその内容を聞くと面白いなぁと思う。全年代に通じるんだろうか、絵本って」

　絵本は人の感性に直接訴える。その世界は奥深く豊かであり、幼児からお年寄りまで世代を問わず感動を与えることができる。

　高校生にも絵本を！　　　　　（中村）

ピーター・シス 作
福本友美子 訳
『かべ：鉄のカーテンのむこうに育って』
（BL出版）

「プラハの春」後、
自由を求め信念を貫く

ピーター・シス　Peter Sis

1949年旧チェコ・スロバキア生まれ、アメリカ在住。短編アニメーション作家から絵本作家に。本作品と『生命の樹：チャールズ・ダーウィンの生涯』『星の使者：ガリレオ・ガリレイ』がボローニャ国際児童図書賞を受賞。2012年国際アンデルセン賞受賞。作品はほかに『モーツァルトくん、あ・そ・ぼ』などがある。

ピーター・シスは1949年旧チェコスロバキアのブルノに生まれ、プラハで育った。『かべ：鉄のカーテンのむこうに育って』はそのシスの自伝的絵本である。彼が生まれる前年、旧チェコスロバキアは共産主義国となり、ソ連の支配下におかれた。「家では、なんでもすきなものをかいたが、学校では、かきなさい、といわれたものをかいた。戦車をかいた。戦争をかいた。教わったことに、何の疑問ももたなかった。やがて、教わらないこともあると知った」（本作品より）。鉄のカーテンをすり抜けて、西側のニュースが届く。ザ・ビートルズ、エルビス、ローリング・ストーンズ……。ロック音楽にはまる。1968年、「プラハの春」。なんでもできると思った。ところが……。

日本にいる私たちが知識としてだけ知っていた「プラハの春」は、そのまっただ中にいた若者にとってはどんなものだったのか。そしてそれがもろくも崩れた後、自由を求める若者にはどんな世界があったのか。時代と国は違っても、作者の青春は日本の高校生の共感を呼ぶに違いない。シスのコマ割り漫画のような絵は、具体的でわかりやすい。共産主義の重い赤、夢と自由の淡く明るい色。モノクロのペン画をベースに色彩が効果的に用いられて、彼の住む世界の重苦しさと自由への希求が視覚的に伝わってくる。鉄のカーテンのむこうで、成長し、悩み、自由を夢見た生身の人間の息づかいが聞こえるこの絵本は、1989年11月、ベルリンの壁の崩壊で終わっている。

今の若者は、インターネットを駆使して多様なネットワークを作り上げ、世界中の人や話題に触れることができる。しかし彼らのネットワークは、実は、同じ趣味や同じ世界観を共有する、同質な者同士の、とても狭い世界になりがちなのも事実である。それは大人の世界も似たり寄ったりなのだけれど。高校生の多くにとっても私たち大人にとっても、歴史上の事件や人名は教科書の上の活字にすぎない。地球上の国々のほとんどは、意識にすら上らない。想像力の届かない世界は、存在しないのに等しい。だからこそ、多様な読書体験を通して、多くの現実や精神世界に触れることが必要なのだ。

シスはほかにもたくさんの絵本を出しているが、中でも伝記絵本を高校生に勧めたい。ガリレオ・ガリレイの伝記『星の使者』、ダーウィンの伝記『生命の樹』、サン＝テグジュペリの伝記『飛行士と星の王子さま』（いずれも徳間書店）、コロンブスの伝記『夢を追いかけろ』（ほるぷ出版）など、どれをとっても内容の濃さのみならず、絵本としての美しさや完成度の高さに驚嘆する。そして、これらの伝記の人物の、既成概念にとらわれず、自分の生き方や信念を貫く生き方は、『かべ』の主人公に通じるのである。　（中村）

シェル・シルヴァスタイン 作
村上春樹 訳
『おおきな木』
（あすなろ書房）

木と少年に、
あなたは何を投影しますか

シェル・シルヴァスタイン　Shel　Silverstein

1930年〜1999年。アメリカシカゴ生まれ。
詩人、児童文学作家、演奏家、作曲家。
1969年、1984年にグラミー賞を受賞する
などシンガーソングライターとしても活躍し
た。日本では本作品がロングセラー。『ぼく
を探しに』、続編『はぐれくん、おおきなマ
ルにであう』『歩道の終わるところ』『ビッ
グ・オーとの出会い：続ぼくを探しに』、伝
記に『「おおきな木」の贈りもの：シェル・
シルヴァスタイン 』などがある。

りんごの木と少年は仲良しだったが、やがて少年は成長しりんごの木のもとへめったに来なくなる。たまにやってくるその子の要求に、りんごの木はその都度精いっぱい応えてやるのだが……。

　最初にこの絵本を読んだとき、私は思わず泣いてしまった。そのとき私は何の疑いもなくこの木と少年を母と子ととらえ、もちろん木の立場に立って読んでいた。涙は自己憐憫（れんびん）の涙であったのだ。それ以外の読み方があるなどとは考えもしなかった。しかし、この絵本を高校生と一緒に読んでみると、実にさまざまなとらえ方があることに驚き、まさに目からうろこの思いだった。

　生徒の反応は、「よかった」「切ない」というところは共通なのだが、木と少年に何を投影し、そして自分はどういう立場に立って読んだかによって、感想が変わってくる。親と子、教師と生徒、男と女あるいは女と男、そして地球・自然と人間。１年生の頃は第三者の立場で客観的に少年と木を眺めて「木は少年を甘やかしすぎだ」「少年の勝手さに腹が立つ」「このあと木はどうするのだろう」というような感想が目につくのだが、学年が進むにつれて自分を少年に重ねた見方が増えてくる。

生徒感想１…小さな頃の純粋な気持ちを忘れて、大きくなるにつれて木のすべてを持ち去ってしまう坊やが少し悲しかった。物をもらっても幸せになれなかった坊やは、最後に切り株になってしまったけど大きな愛をくれた木に気づけばいいなと思った。

生徒感想２…人間っていう生き物のダメな所があれだけ簡単になおかつ的確に描かれていて、いろいろな意味で悲しい話でした。木はいつも変わらず「ぼうや」を待っている。なのに「ぼうや」は自分のことしか考えていない。自然は偉大な存在だ。相手が何をするかでなく、自分が何をしたいのか、そこを大切にしていた。そんな自然に人間はつい頼る。もう一回頼っていれば自分の帰る所を失っていた。自然こそが人間の故郷だ。人間は今帰る場所を自分たちで消そうとしている。自然はいやがることはなくても、人間は自らそのことに気づかなければいけない。（生徒感想は表記に若干の手直しをした以外は原文どおり。このときは篠崎書林の本田錦一郎訳で読んだので、「ぼうや」となっている）

　ここにさらに木の立場に立つ大人の感想が加わった読書会ができたら、楽しい。また英語の原書をもとに、生徒に日本語訳をさせたという実践例も知っている。シンプルゆえに奥の深いこの絵本は、いろいろな読みの可能性を持っている。　　　　　　　（中村）

誰かを裏切ると自分は一人になる

マーガレット・ワイルド 文
ロン・ブルックス 絵
寺岡襄 訳
『キツネ』
（BL出版）

マーガレット・ワイルド　Margaret Wild

1948年南アフリカ生まれ。1974年にオーストラリアに移住。新聞、雑誌記者、児童書の編集者を経て、児童書の作家として活躍。オーストラリア児童図書賞を含め、多くの賞を受賞。ほかに『ジェニー・エンジェル』『ぶたばあちゃん』などがある。『ジンクス』などYA向けの作品にも意欲的に取り組んでいる。シドニー在住。

ロン・ブルックス　Ron Brookes

1948年オーストラリア生まれ。子どもの本の挿絵を数多く手掛けるオーストラリアではよく知られた絵本作家の一人。作品に『あかちゃんなんてだいきらい』『まっくろけのまよなかネコよおはいり』『アラネア：あるクモのぼうけん』などがある。

「いろいろ考えさせられる。だれかをうらぎるとけっきょく自分は一人になるのかもしれないと思った。一人になってみないと相手がいるあたたかさに気付かないということかなと思った」（生徒の感想より）

火事で傷ついたイヌとカササギは、お互いをいたわりながら信頼と友情で結ばれて毎日を過ごしていた。そこへひとりぼっちのキツネが現れカササギを誘惑する……。表紙いっぱいに描かれたキツネの絵がまず強烈で、美しいと同時にどきりとさせられる。本文では独特のマチエールの絵に味のある手書き文字がパッチワークのように配置され、そして火のように赤いキツネの、鋭い目が見る者を不安にする。

この絵本は、孤独、嫉妬、策略、悪意、裏切りといった、およそ私たちの思い描く絵本らしさからは遠いテーマを扱っている。高校3年生のHR読書会で取り上げたときも、生徒の感想は、肯定派と否定派が半々に分かれた。肯定派は、人間の心理の深層を読み取って、いろいろ考えさせられて面白かったといい、否定派は人間の姿を見せつけられて嫌だと感じたようである。また、否定派の意見の中には「絵本とはほのぼのと楽しいものであるべきだ」「子どもには人間の汚いところを見せるべきではない」というような考え方も読み取れた。

さて、冒頭の感想はある生徒のもの

だが、私はこの感想に心打たれたのである。彼女は勉強や学校生活に見切りをつけ、自分と似たような友人と、学校の外に居場所を求めているように見えた。担任の私とも、必要最低限の会話しかしなかった。ところがこの感想では、初めて彼女の生の声を聴いた思いがしたのだ。周りの人たちに強い言葉を浴びせ、思うがままにふるまっているかに見える彼女が、実は人間関係に悩み傷つく立場にいることに気づき、そして彼女がその思いを素直に表現したことに驚いた。ほかの生徒の、客観性で鎧った、他人事のような書き方に比べて、なんと無防備に自分をさらけ出していることか。それは、この絵本がいかに彼女の深いところに届いて、心を揺さぶったかを示している。

岡山県SLAの絵本研究部会では2003年度にこの絵本を取り上げ、小学校から高等学校まで通して読み聞かせの実践をした。小学校中学年以下では、単純に「キツネはわるもの」ととらえ、「カササギが主人公なのになんで題名がキツネなのか」という感想が出てくる。内容をしっかりつかめるようになるのは小学校高学年か中学生以上のようだ。読者の心を揺さぶる、インパクトの強い、ある意味毒をはらんだ作品である。気軽にクラス全員に読み聞かせる絵本ではないという気がする。個々の生徒の状況に応じて個人的にじっくり読ませたい。　　　　（中村）

シェル・シルヴァスタイン 作
倉橋由美子 訳
『ぼくを探しに』
（講談社）

ちょっと欠けているほうが
ちょうどいい

シェル・シルヴァスタイン Shel Silverstein

1930年 ～ 1999年。アメリカシカゴ生まれ。
詩人、児童文学作家、演奏家、作曲家。
1969年、1984年にグラミー賞を受賞する
などシンガーソングライターとしても活躍し
た。日本では本作品がロングセラー。続編
『はぐれくん、おおきなマルにであう』『歩道
の終わるところ』『ビッグ・オーとの出会い
：続ぼくを探しに』『おおきな木』、伝記に
『「おおきな木」の贈りもの：シェル・シル
ヴァスタイン 』などがある。

「中高生に絵本？」読書の薦めとしては不適切ではないかという意見もある。しかし、読書会後の生徒の感想は、「絵本がこんなに深く考えさせられるものと初めて知った」「絵本からは卒業したつもりだったが、絵本をなめていた」などの肯定的意見に変化していた。中高生だからこそ、深く理解でき感受できる作品も多くある。

『ぼくを探しに』は、中学・高校の現場で読書会を実施し、各学年で大変充実した読書体験となった作品である。絵本でありながら、主人公「ぼく」は単純な丸に目が１点、１か所だけ欠けている不思議な物体。モノクロでほかの絵本とは趣が違っている。

冒頭で主人公は「何かが足りないそれでぼくは楽しくない」「足りないかけらを探しに行く」と語り、ころがりつづけながら「足りないかけら」を探す。思春期に入った時期に誰もがこの感覚を感じるのではないだろうか。そして、自分探しの旅は、日照りもあれば雨雪もあり、花や虫と出会い、野や海を越え、壁や崖にも突き当たる。かけら探しの旅は、人生にもたとえられそうである。

読書会では主に次の内容で話し合った。【主人公のように「何かが足りない」と感じたことはある？】【一番印象に残っている場面や言葉は？】【「ぼくはぼく」と感じたことはある？】【主人公のつぶやきをあなたなりに解釈し「なるほど〜というわけだったのか」の「〜」の部分を入れてみよう】【主人公は、これからどうしていくと思う？】

読書会冒頭では「この不思議な存在『ぼく』とは何なのか？」という問いかけで話し合いが盛り上がった。「石じゃないの？」「人間を単純化したらこうなるでしょ」「脳だね」「心でしょ」「心と脳とどう違うの?」「人間の悩みの形」「パズルじゃないのかなぁ」などなど、想像力を十分に駆使して、生徒たちはさまざまな解釈を与えていた。

読書会後は各グループのキャッチコピーと感想が盛り込まれた読書会ボードが完成する。「ちょっと欠けてるほうがちょうどいい」「自分の道を自分らしく」等のキャッチコピーと各自の感想が彩りを添えていた。

なかでも、「人とくらべては劣等感を持っていた私にとって『足りないものがあるからこそいいんだ！』と思えるすてきな本でした」と心のうちを語ってくれた高校生は多くの参加者の共感を得ていた。

YA世代にとって、質の高い絵本は、一人で読むだけでなく、読書会などで共有することにより、さらに読みや考えを深めることができるのではないかと感じている。発展としては、原作の『The Missing Piece』で自分なりの訳を考えながら読んでみるのも中高生らしい読書になるだろう。　　　（長尾）

わたしたち市民ひとりひとりが、この街の主役

バージニア・リー・バートン 文・絵
秋野翔一郎 訳
『坂の街のケーブルカーのメイベル』
（童話館出版）

バージニア・リー・バートン　Virginia Lee Burton

1909年 ～ 1968年。アメリカマサチュー
セッツ州生まれ。カリフォルニアの美術大学
で絵の勉強をするかたわらバレエも学び、
1931年彫刻家ジョージ・ディミトリオスと
結婚。以後、海べの小さな村フォリー・コー
ヴに住み、最初の絵本『いたずらきかんしゃ
ちゅっちゅう』は、長男アーリスのため、第
二作『マイク・マリガンとスチーム・ショベ
ル』は次男マイケルのために描かれたもの。
作品は『ちいさいおうち』『せいめいのれき
し』ほか多数。

選挙権年齢の引き下げに伴い、若者の主権者意識の育成が課題になっているが、これは、政治は自分たちとは縁がないと感じている中高生に、行動することの大切さを訴えかける力を持った絵本である。

　まだ馬が馬車をひいていた時代、坂の多いサンフランシスコの街を安全に移動するために発明されたケーブルカーは、時代とともに路面電車やバスに取って代わられる。「進歩」の名のもと、ケーブルカーが廃止されそうになったとき、ケーブルカーの廃止に対する反対運動を起こし、ケーブルカーを守った市民の取組みを描いたのがこの絵本である。

　この絵本で最も感動的なのは、市民運動の発端となった「わたしたち市民のひとりひとりが、この街の主役ですよ。どうして、わたしたちで、きめられないの？」という発言と、それに続く熱のこもった、しかし秩序立った市民運動の様子である。見開き２ページにわたって繰り返し描かれる人々の行列は、集会を開き、デモを、署名活動を、演説会を、議論を、パレードを行う。そして迎える投票日。

　温かく優しく細やかな絵と文章が、いかにもアメリカ的な住民主体の民主主義のありようをさわやかに描き出している。

　私はこの絵本を、高校２年生の現代文の授業で、丸山真男の「『である』ことと『する』こと」を扱うにあたっての導入教材として使った。丸山真男はこの文章で、権利はその上にあぐらをかくのではなく、行使しなければならないということを、繰り返し訴えている。書かれてから半世紀たった今でもその主張は決して色あせていないが、現代の高校生にとっては、イメージしにくいテーマでもある。そこで、この絵本を読み聞かせてみたのだ。

　最後に、生徒の感想の中から〈最も印象的だったこととその理由〉をいくつか抜粋しておく。

○市民が「どうしてわたしたちは市民なのに決められないの？」と言ったこと。…そう思っていてもなかなかそれを言えないから。

○ケーブルカーがなくなると聞いて、市民が集まったり、全国から手紙や電報がとどいたところと、みんながずらっと並んで市役所へ行く絵。…みんなが主役になれる場が多かった時代もあったが、今は一部の人が勝手に盛り上がって私たちが置いて行かれることがよくあるから。

○人々がケーブルカーを残すために行動を起こしたこと。…心で思うことは簡単だけど、行動を起こすということは勇気と情熱が必要だと思うから。

○投票の時「どちらでもよい」の人がいなかったこと。…はっきりとした自分の意見を持たない人が現代社会に増えているから。　　　　　　（中村）

現在、積極的にYA文学界を引っ張っているのが梨屋アリエだ。2009年1月に「日本YA作家クラブ」を発足し、金原瑞人氏と一緒に代表を務めている。同年8月に、12歳から19歳までの「YA読書クラブ」を主催、年4回開催している。2010年12月からは誰でも参加OKの読書会「YA*cafe」を主催している。この7月はZOOMで行った。

『でりばりぃAge』
（講談社文庫／講談社）

　小説は『でりばりぃAge』で第39回講談社児童文学新人賞を受賞、2003年には、小説『ピアニッシシモ』で第33回児童文芸新人賞を受賞している。昨年（2019年）発表の小説『きみの存在を意識する』では第7回JBBY賞を受賞した。この作品は、さまざまな生きづらさを抱えた少年少女たちの日常や思いが描かれているが、それが個々別々のものではなく、皆がそれぞれのハンディを持ちながらも懸命に生きていること、そしてつながっていることの希望を感じさせる。

『ピアニッシシモ』
（講談社文庫／講談社）

『きみの存在を意識する』
（ポプラ社）

　若者に寄り添いながら、読書界を中心として若者の生き方、文化を応援している梨屋アリエのこれからの活動にも期待したい。

5章

中高生がすすめる

三島由紀夫 著
『三島由紀夫レター教室』
（ちくま文庫／筑摩書房）

三島由紀夫から私への手紙

三島由紀夫 みしま・ゆきお

1925年〜1970年。東京都生まれ。小説家
であると同時に劇作家、評論家、政治活動も
含め、精力的に活動し、ノーベル賞候補とな
るなど海外で広く認められた。1970年11月
25日、自衛隊市谷駐屯地を訪れ、演説のの
ち自決、社会に大きな衝撃を与えた。作品は
ほかに『仮面の告白』『潮騒』『金閣寺』『豊
饒の海』など。

京大に入ったのに
なぜロザン？

菅　広文 すが・ひろふみ

1976年大阪府生まれ。お笑いコンビ「ロザ
ン」として吉本クリエイティブ・エージェン
シーに所属。2008年、相方の宇治原史規を
主人公として書いた小説が本作品である。
2014年には『京大芸人式日本史』も刊行。
大学で客員教授も務める。

菅広文 著
『京大芸人』
（講談社）

私の学校では、高校2年生全員が、自分の関心のある分野について1万2,000字の「自調自考論文」を執筆する。私は読書が好きなので、テーマは「中高の学校図書館における読書推進のためのサービスの活用方法とは」に決め、本に親しんでもらうため中学1、2年生の教室のフロアーに、移動展示「渋渋YAコーナー」を企画した。

　選書をする過程で、「どのような本なら、読書習慣のない中高生にも手に取ってもらえるだろうか」を考えた。読みやすさと面白さの両方がなければいけない。これは、その展示企画の中の2冊である。

　『三島由紀夫レター教室』——高校1年生の時、『仮面の告白』に衝撃を受けた。「みんなに三島由紀夫を読んでほしいな」と思っていた頃に出会った本。レター教室という書名の通り、随所に手紙を書く時のヒントが隠れている。印象に残ったのは「英文の手紙を書くコツ」。「手紙の書き方を指南する手紙」を出すという珍しい形式に惹かれた。

　作者からのメッセージもユーモラスで、「手紙を書くときには、相手は全くこちらに関心がない、という前提で書きはじめなければいけません」という文章には思い当たる節があって耳が痛い。なかなか手紙をもらうこともない現代、三島由紀夫からの手紙を読んでいる気持ちになれる作品。

（大山）

———————————✳———————————✳———————————✳———————————

　『京大芸人』——お笑いコンビ「ロザン」の自伝小説である。「京大入ってや」「なんで？」「芸人なったとき売りになるやん」という会話ののちに、宇治原は京都大学を目指すようになる。「京大に入ったのに、なぜ芸人に？」と思いながらページをめくった私には衝撃的な展開だった。

　「高性能勉強ロボ」の宇治原も、友人の能力を「京大芸人」というブランドにまで磨き上げた菅の手腕にも驚かされる。「有名大学に入りさえすれば安泰」というように、世の中には大学に入ることが目的化している人がほとんどだ。そんな中、芸人になるために努力し、夢をかなえた二人を見て、目的をもって勉強するということの大切さを実感できる。

　しかしそんな素晴らしい教訓だけではなく、なんといっても「ただ面白い」ところがすてきな本だ。　（大山）

三浦しをん 著
『舟を編む』
（光文社）

「心血を注ぐこと」の
カッコよさ

三浦しをん みうら・しをん

1976年東京都生まれ。2006年『まほろ駅前多田便利軒』で直木賞を受賞。同年『風が強く吹いている』で大学生のマラソンを取り上げ、話題となった。『舟を編む』は、2012年本屋大賞、映画化された。2019年植物学専攻の大学院生を描いた『愛なき世界』は日本植物学会賞特別賞を受賞。

感情的かつ冷静に
9.11を論じ合う

坂本龍一 さかもと・りゅういち

1952年東京都生まれ。東京芸術大学在学中より音楽活動を開始し、グループYMOで人気を博し世界的に知られるアーティスト。映画『ラストエンペラー』の作曲でアカデミー賞作曲賞のほか、多くの賞を受賞。俳優での映画出演もあり、環境問題や平和問題に発言する機会も多い。本作品は9.11後、2002年に出版された。

坂本龍一+sustainability for peace 監修
『非戦』
（幻冬舎）

2012年に本屋大賞を受賞し、漫画化、映画化、アニメ化も果たしたベストセラーである。

主人公は中堅出版社に勤める馬締光也。営業部に所属していたが、後継を探していた辞書編集部の荒木に適性を認められ、異動。辞書編集部は新しい国語辞典、『大渡海』の編纂中。馬締は徐々に辞書作りにのめり込んでいく。下宿先の大家の孫、香具矢への恋心も芽生え、仕事に恋に邁進していく馬締。しかし『大渡海』完成までの道のりは簡単ではなかった。正確性の求められる地道な作業に膨大な仕事量。そして会社からは編纂の中止を命じられる事態に。さまざまな困難にぶつかりながらも辞書作りにすべてを捧げる者たちの物語だ。この本はお仕事小説ともとれるが、それ以上のものを訴えかけてくると私は思う。

まずは真面目さについて。辞書編集部の面々が『大渡海』編纂に一心不乱に取り組む姿はどう見たってカッコいい。真面目に物事に取り組むことや一つのことに心血をそそぐことは誇るべきことなのだと気づかされる。

そして、"言葉の力"について。"言葉の力。だれかを傷つけるためではなく、だれかを守り、だれかに伝え、だれかとつながりあうための力。"印象的な文だ。言葉にはたくさんの可能性があるのではないか。何かと物騒なニュースの多い社会で、言葉が一つの希望となりうるのではないか。そんなことを思わせてくれる。

辞書は言葉の海を渡る舟。言葉の海を渡りながら、ゆっくりと日頃の生活を見直したくなる1冊だ。　　　（岸）

＊　　　　　＊　　　　　＊

この本は、9.11のアメリカ同時多発テロを受けて出版されたものだ。インターネット上のものを中心に多くの論考が集められている。意見の大半は"テロとの戦い"に疑問を呈していた。果たして、報復のための戦争は正しいのか。この手の議論は、感情的に簡略化され過ぎるか、難しくなり過ぎるかしがちである。だが、この本は感情的でありかつ冷静だ。その理由は、筆者が大勢いることだろう。50以上の論考の筆者は、政治家にアーティスト、研究者などさまざまだ。立場が違えば出来事への着眼点は変わってくるため、多様な意見を知ることができるのだ。一つひとつの論考について筆者の紹介がされていることも、見聞を広げることにつながる。

9.11のテロは2001年のことだ。だが、過去のことでありながら現代への教訓でもある。現代社会の問題に対して私たちは、どのように行動すれば平和な世界を作ることができるのか。この本を読み過去を学ぶことは、指針を定めるための一助となる。　　　（大屋）

飲茶 著
『哲学的な何か、あと数学とか』
（二見書房）

口笛を吹きながら
真理への旅に

飲茶 やむちゃ

会社経営者。哲学、科学、数学などの学問を分かりやすく解説する本を書いている。ほかに『14歳からの哲学』『史上最強の哲学入門』『史上最強の哲学入門　登用の哲人たち』、監修に『哲学ガールズ』などがある。

きらきらと星が
流れていくような文章

川村裕子 かわむら・ゆうこ

1956年東京都生まれ。2005年『蜻蛉日記の表現と和歌』で文学博士となり、現在、武蔵野大学教授。角川ソフィア文庫の「ビギナーズ・クラシックス　日本の古典」では、『更級日記』も担当。一般にもわかりやすい文学入門書や解説書を多く出版していて、岩波ジュニア新書の『平安女子の楽しい！生活』はわかりやすく楽しい。

川村裕子 編
『和泉式部日記　ビギナーズ・クラシックス
日本の古典』
（角川ソフィア文庫／KADOKAWA）

「数学」「哲学」という小難しそうな単語にくっついてくる、「的な何か」「とか」のようなラフな言葉。この時点でもう、この本がただの睡眠導入剤ではないことが伝わってくる。

『哲学的な何か、あと数学とか』は、公式がどうでここの過程がこうで……なんて参考書ではない。と同時に「世界とは？　宇宙とは？」なんて、難しい話について延々語るわけでもない。数学と哲学なのに。

これは、長年未解決問題だった「フェルマーの最終定理」と、それに挑んだあまたの数学者、一般人の物語である。これをタイトル同様の親しみやすい文体で、時に口笛を吹きながら、時にその生き方なんかを見つめながら、証明されたその日まで、追いかける。本がこちらの手を引いて、一緒に旅行に出かけてくれる。

だからどうか、数学の授業が好きじゃないからって、小難しい話が苦手だからって、この本を開くのをためらわないでほしい。この本はそんなあなたをこそ、刺激的な時間旅行に連れ出してくれるだろうから。　　　（谷村）

＊　　　　　＊　　　　　＊

その名の通り、平安時代の女流歌人・和泉式部が、自身と敦道親王との恋模様を書き記した日記文学である。きらきらと星が流れていくような、自然な美しさを感じさせる文章は、紫式部も「はかない言葉のにほひも見えはべるめり」と称賛したように、和泉式部にしか書けないものだろう。話の途中に出てくる和歌も素晴らしく、平安貴族社会の雅を肌に感じることができる。互いに想い合っているはずなのに、身分の差やあらぬうわさが呼ぶ勘違い、周りの圧力が二人の仲を阻んでしまう……。しかし、二人の愛はそれをも乗り越え、強く固いものとなっていくのであった。

現代の少女漫画にも通じるもどかしさや「胸キュン」シーンも魅力の一つである。敦道親王が亡くなってしまい、その愛を示せる相手がいなくなったからこそ、和泉式部は彼女たちの愛の結晶を文章に残し、自らの愛を永遠のものとしたのではなかろうか。ぜひ読んでほしい古典文学の一つだ。

角川ソフィア文庫のビギナーズ・クラシックスのシリーズは、原文の前に、最初に口語訳が載っていて、とても読みやすく初心者におススメだ。（沼田）

井上章一 著
『京都ぎらい』
（朝日新書／朝日新聞出版）

京都の赤裸々な現実に
尽きせぬ興味

井上章一　いのうえ・しょういち

1955年京都府生まれ。専門の建築史・意匠
論のほか、美人論、関西文化論など日本文化
についてひろい分野にわたる発言で知られる。
著書は、『霊柩車の誕生』『つくられた桂離宮
神話』『美人論』『阪神タイガースの正体』
『現代の建築家』など多数。

自分につながる
"日本の血" にぞくぞく

鈴木三重吉　すずき・みえきち

1882年 ～ 1936年。広島県生まれ。東京帝
国大学英文科で夏目漱石の講義を受け、短編
小説『千鳥』が漱石により『ホトトギス』に
掲載され、漱石門下の一員として作品を発表
していく。1916年『世界童話集』を出版、
1918年、生活綴り方の源流としての役割も
果たした児童文芸誌『赤い鳥』を創刊。児童
文化活動の父とされる。

鈴木三重吉 著
『新版　古事記物語』
（角川ソフィア文庫／KADOKAWA）

こんなにも赤裸々に書いてこの人は大丈夫なのだろうか……京都について論じたあまたの本の中でこの本ほど「現実」を突き付けてくるものはないだろう。洛外に生まれた筆者が「洛外人」としてさげすまれ積もり積もった"どす黒い何か"を、生き生きと楽しげに吐き出している。私の知る、憧れの古都・京都はうわべの世界。そうわかってはいても、住んでみなければわからない現実がそこにはあった。我々観光客からしてみたら京都市だって立派な「京都」のひとつ。しかしどうやら違うらしい。この本を読んでいたら洛外の人々に感情移入してしまうから、その視点で見ると洛中の人々からの仕打ちはえげつないと思えてしまう。洛中と洛外、京都市に住む人々でなければ知りもしない扱われ方の差。

もちろんこの本はただただ洛中への文句が書いてあるわけではない。むしろ歴史、仏教、建物など多角的な面から京都を論じている。どこかとげとげしさを含ませて。さらに、洛中の人々への皮肉は、日本人の価値観の根幹に帰着する。文章中からうかがえるどす黒い何か。それは私たちの夢の古都・京都を儚くも打ち砕いていく。私たちが持っている京都へのイメージとのギャップが面白い。

あとがきに至るまで作者は京都のことは嫌いなようだ。でも、嫌いと言われれば言われるほど天邪鬼な自分が出てきて京都のことが気になってしまう。新書大賞2016にも選ばれた。それほどにこの本は人々の京都への興味をさらにそそらせるのである。　　　（石橋）

＊

グローバル化と言われる現在、海外だけでなく日本のことを知るのも大切なのではないだろうか。

神々による国生みから天皇への国譲り、そして天皇による日本統治へ。『古事記』を読むことによって見つけることができる日本人の思想の根底にあるもの。そして教養として身に付けたいこの国の始まり。

『古事記』は「歴史的」な書物。とっつきにくい。しかし、この本は、鈴木三重吉が大正8年に「赤い鳥」に載せたもので、「童話」として古事記を物語ってあり、文体もやわらかく、読みやすい。

読んでみれば日本の神々は神というほど神々しくもなく、むしろ人間らしい。欲に忠実に行動し、引き起こされる血なまぐささがあるので、少しドロドロした小説と同じ要領で読むことができる。神々の世界から、何が起こって天皇になって、どうして日本を統治することになったのか。そしてその日本の血が自分に入っていると思うとぞくぞくするのだ。この本は、古事記の入門にもってこいだ。　　　（石橋）

トレヴァー・ノートン 著
赤根洋子 訳
『世にも奇妙な人体実験の歴史』
（文春文庫／文藝春秋）

喜々として命を
燃やし尽くす科学者たち

トレヴァー・ノートン Trevor Norton

イギリス リヴァプール大学名誉教授。海の
生態系について啓蒙活動を行う。科学者たち
が挑んできた実験を自ら追試。専門は海洋生
物学。作品はほかに『ダイバー列伝―海底の
英雄たち』など。

水爆投下後、生き物が
死に絶えた世界での攻防戦

ロバート・C・オブライエン Robert・C・O'Brien

1918年～1973年。アメリカニューヨーク
州ブルックリン生まれ。『フリスビーおばさ
んとニムの家ねずみ』でニューベリー賞受賞。
続編『ラクソーとヌヌムの家ねずみ』などが
ある。実娘のジェイン・レズリー・コンリー
が『ラクソーとニムの家ねずみ』ほかを書い
ている。

ロバート・C・オブライエン 著
越智道雄 訳
『死の影の谷間』
（評論社）

"マッド・サイエンティストの世界へようこそ"。「はじめに」の題にも使われるこの言葉は、むしろこの本に贈られたものではないのかと錯覚するほど、ぴったりだ。

淋病と梅毒研究のために患者の膿を自分の性器に付着させた医師、ジョン・ハンターに始まり、成層圏到達と超音速突破に挑んだ人々で終わる全17章。他人も自分も関係なし。どんな犠牲もいとわずに医学や科学の真理追究に没頭した科学者たちの物語は、確かに理解しがたい一面や、人の道に反するような一面もあり、読んだ後に倫理的問題について深く考えさせられた。一方で、人生の全てをささげるべき存在を手に入れ、喜々として命を燃やし尽くす姿に、胸が熱くなった。

海洋生物学専攻の、科学史にも精通するトレヴァー・ノートン氏の執筆で科学的な解説が詳しくわかりやすく書かれており、知らない単語に戸惑うことがない。また、時代背景が事細かに描かれ、時代と医学・科学の発展が密接にかかわっている様子もわかり、面白い。

科学史の本なので内容の整理が大変というところでは気後れしてしまうかもしれないが、短編集なので、解説を含め気になったところから読んでみるのもいい。　　　　　　　　　　（岡）

＊　　　　　　＊　　　　　　＊

大勢の人々が暮らす北アメリカに、原爆の1,000倍以上の威力があるともいわれる水爆が落とされた。40㎞離れた隣町には死体が転がり、ほかの地域の様子を見に出かけた家族は誰一人帰らない。自給自足でなんとか暮らしていける"エデン"ともいえる谷間に、ルーミスという男がたどり着き、谷間で一人で暮らす16歳の少女アンの生活は一変する。生き物が死に絶えた世界で、アンとルーミスの命を懸けた攻防戦が始まるのだ。

命の駆け引きがアンの目を通して語られ臨場感を増す。丸腰のアンに対して銃を持つルーミス、失敗すれば確実に殺される。まるで自分がアンになったかのようなドキドキ感がたまらない。優れたミステリー作品に贈られるエドガー・アラン・ポー賞を受賞したほどの謎が私たちを迎えてくれる。

最近の話題を反映して書かれたように思われるが、日本語翻訳版ですら初版が出されたのが1985年だというから驚きだ。この架空の世界に四半世紀で着々と近づいているように思えてぞっとする。核問題が大きく取り上げられている"今"を生きているからこそ、この本は今読むべき本である。

（倉光）

日本経済新聞社 編
『これからの日本の論点：
日経大予測 2018』
（日本経済新聞出版社）

未来を照らしてくれる、ワクワク感

☆この本は、日本経済新聞出版社が1991年
から毎年10月 〜 11月に刊行。

70年前に描いた1984年に、今、社会が近づいている

ジョージ・オーウェル George Orwell

1903年 〜 1950年。イギリスの作家、
ジャーナリスト。全体主義的ディストピアの
世界を描いた『1984年』は、1998年「英
語で書かれた20世紀の小説ベスト100」、
2002年に「史上最高の文学100」に選ばれ
た。『動物農場』も有名。『オーウェル評論
集』『パリ・ロンドン放浪記』も刊行されて
いる。

ジョージ・オーウェル 著
高橋和久 訳
『一九八四年　新訳版』
（ハヤカワepi文庫／早川書房）

「知識は力である。力は悪にも善にもなり得るが、力そのものは悪ではない。知識もまた然り」。これはアメリカの作家ベロニカ・ロスの言葉だ。先を見通すことが難しくなる21世紀において知識こそが未来を照らす光である。しかし現代は情報が氾濫しており、求められる力は「情報を整理する力」なのだ。

この本では日本経済新聞の編集委員らが、①経済・金融、②産業・企業、③政治・国際情勢・世界経済の３分野について21の「論点」を整理して解説している。例えば、働き方改革や北朝鮮問題など日本を俯瞰した話題である。グラフやデータが多く高校生でも全体の内容を把握することは可能である。

18歳選挙権も導入され、一市民としての自覚が求められている私たち若い世代も、ますますこのような知識が必要となるだろう。そして何よりこの本は面白い。事実は小説より奇なりとはよく言うが、全くもってその通りなのである。2018年には、米朝首脳会談が行われた。今、まさに時代が大きく動こうとしている。そんな時代に生まれた私たちにとって、未来を照らしてくれるなんとも言い難いワクワク感をもたらす本なのである。　　（加藤）

＊

昨今、現実の世界が『一九八四年』の世界に近づいてきていると言われることがある。この作品が発表されたのは1949年である。1949年に発表された『一九八四年』という題名の本に、現代の社会が近づいている。なかなか興味深く、面白い現象ではないだろうか。

主人公は、オセアニアという国を支配する「党」と呼ばれる組織の構成員で、彼の視点からこの物語は展開される。彼が党の監視から逃れ、若い女性と出会い……と聞けば恋愛小説にも思えるが、この本の世界観をありふれた言葉で表すならば、「ディストピア」になるだろうか。

しかし、あなたは、この本を読み終えたとき、この一言で済ますことのできない余韻を感じるはずだ。さらに、その余韻を巻末のトマス・ピンチョンの解説がうまく拾ってくれることで、心地よい感覚を味わうことができるに違いない。

この本は、私たちに「思考」や「自由」「社会」について、はたまた一人の人間としての「生き方」にまで、思考を放棄することの危険性や、人を信じることの難しさといった示唆を与えてくれる。

未来が見通しにくい、不透明な世界になりつつある今、読むことで得られるものは小さくないだろう。

ぜひ、おすすめしたい１冊だ。

（相原）

宮城谷昌光 著
『華栄の丘』
（文春文庫／文藝春秋）

血湧き肉躍る展開に昂奮（こうふん）

宮城谷昌光 みやぎたに・まさみつ

1945年愛知県生まれ。歴史小説、特に殷、周など、古代中国に素材を求めた作品が多い。1991年『天空の舟』で新田次郎文学賞、『夏姫春秋』で第105回直木賞受賞。2000年『楽毅』で第3回司馬遼太郎賞、2001年『子産』で第35回吉川英治文学賞受賞。2004年菊池寛賞を受賞。『孟嘗君』『三国志』『劉邦』など作品多数。

「誠」の道を突き進む
新選組志士

浅田次郎 あさだ・じろう

1951年東京都生まれ。陸上自衛隊に入隊。除隊後さまざまな職に就きながら投稿生活を続ける。1995年『地下鉄に乗って』で吉川英治文学新人賞、1997年『鉄道員』で直木賞を受賞。2000年『壬生義士伝』で柴田錬三郎賞、2008年『中原の虹』で吉川英治文学賞、2019年には菊池寛賞受賞。映画・ドラマ化された作品も多い。

浅田次郎 著
『一刀斎夢録（上・下）』
（文春文庫／文藝春秋）

歴史小説は中学生にとってなじみのないジャンルかもしれないが、紹介する2つの作品はともに乱世を生きる男たちの熱い物語で、とても読みやすく昂奮する。

『華栄の丘』——陰謀渦巻く中国春秋時代。小国・宋に、華元という権謀術数とは生涯無縁の風変わりな名宰相が現れた。話す人皆を温かく包み込む雰囲気と、自分の信念を曲げないまっすぐな姿勢が、君主にそして国民に愛された。彼を信頼した宋きっての名君文公と共に、宋を他国もうらやむ礼の国にした。

彼の治世に宋は南方の大国・楚に城を囲まれ、滅亡の危機に陥る。しかし主従は宋という礼の国に誇りを持っており籠城戦に耐えようとした。果たして彼らの願いは天に届くのか。それと

も楚の武力の前にあえなく滅びてしまうのか。驚きの展開に血湧き肉躍る。

「徳は積むものだ。足元に落ちている塵（ちり）を黙って拾え。それで一つ徳を積んだことになる」と、学者のようなことを言ったかと思えば、いきなり敵陣に乗り込んで和睦にこぎつける。抜け目がないわけでもなく、戦の最中に馭者（ぎょしゃ）に自分のささいな行動を恨まれた挙句、敵陣に突っ込まれ捕虜になるという椿事（ちんじ）を起こす。宰相という高官でありながら自分の身を顧みず、戦を嫌い、負けることで真の勝ちを得ようとする——人々を今なお魅了してやまない華元が、一陣の風となって血腥（なまぐさ）い乱世を吹き抜ける。現代我々はこのようにまっすぐで熱い心に触れることがあるだろうか。　　　　　　　　（高野）

* * *

『一刀斎夢録』——「わしはの、人を斬るにあたってそやつの人生など、これっぽちも考えた例（ためし）はなかった」と語る一刀斎こと斎藤一。数多の戦で死に損ない、大正の世まで生き延びた彼は夜な夜な若き軍人に新選組の真実、剣の奥義を語る。

斎藤には市村鉄之助という唯一の弟子がいた。斎藤から、土方歳三に忠義を尽くすよう言われた彼は箱館に向かい、土方の遺影を託されたが、その後の行方は杳（よう）として知れない。

維新の数年後、斎藤は官軍の警察官として西南戦争鎮圧に赴く。この戦で

死のうとしていた矢先、彼は成長した市村の姿を敵の中に見つける。斎藤は、強くなった弟子に斬ってもらうと同時に、たくさんの人が生かそうとしてきた市村に生きてほしいと心から願う。たとえ血盟の同志との永訣となろうとも、自分の信じる「誠」の道を疑わず突き進んでいく斎藤や土方たちには、憧れを通り越して崇敬の念を抱かずにはおられない。

歴史小説をただ昔話としてではなく、自分の中に新しい世界を作るために読んでみてはいかがだろう。　　　（高野）

近江源太郎 監修
ネイチャー・プロ編集室 構成・文
『色の名前』
（KADOKAWA）

色の名を通し
古人の感性にふれる

近江 源太郎 おうみ・げんたろう

1940年広島県生まれ。女子美術大学大学院
教授、日本色彩研究所理事長などを歴任。著
書に『色彩世相史』『好みの心理』『改訂色感
テスト』『カラーコーディネーターのための
色彩心理入門』『色の名前に心を読む 色名学
入門』などがある。

ようこそ
新本格ミステリの世界へ

綾辻行人 あやつじ・ゆきと

1960年京都府生まれ。1987年本作品でデ
ビュー。1992年に第45回日本推理作家協会
賞を受賞。作品は「館」シリーズのほか、
『緋色の囁き』などの「囁き」シリーズなど
がある。

綾辻行人 著
『十角館の殺人』
（講談社文庫／講談社）

私たちの世界は多くの色で満ちている。しかし、一つ色の名前を出されて、それがどんな色か確実に頭に浮かぶ人は多くないだろう。

この本はさまざまな色の名前をまとめた色名図鑑だ。自然に由来した色名を中心に、294項目が序章を含めた8章に分けられている。章の合間には色や色名に関するコラムがあり、巻末には索引もついている。ここまでは一般的な事典でもよく見ると思う。

この本の特徴の一つは、色名の由来に焦点を当てている点だ。動物や花、果実、宝石などの自然由来の色に目を向けた説明が豊富で、自然の豊かさと、人間がどれほど色に親しんで生きてき

たのかをひしひしと感じる。また、日本語の色名と並べて、外国の色名も多く掲載されている。例えば緋色とファイア・レッドのように。

そして、この本の最大の特徴は、色名が登場する小説や詩の一節が載っていることだ。「やまぶき、うす色など、花やかなる色あひ」（『源氏物語』）、「鴇色に銀の雨を刺す針刺を裏に」（『虞美人草』）など。

1冊の本から色の名前を通して、古くから人々が親しんできた感性に触れれば、今までとは違った視点で世界を見ることができるのではないだろうか。

（福井）

*　　　　　*　　　　　*

ミステリは何をもって定義されるのだろうか。私はこう考える。"魅力的な謎、探偵、鮮やかな推理"の三つの要素が含まれている小説である、と。綾辻行人の『十角館の殺人』はそんなミステリ小説のうちの1冊だ。

舞台は別府湾沖に浮かぶ孤島・角島、そして何もかもが十角形で構成された館、「十角館」。そこに集まった大学のミステリ研究会の男女。高名なミステリ作家の名前をあだ名として持つメンバーが集まったとき、連続殺人が学生たちを襲う。

ミステリを読み慣れている人はこの粗筋を聞いただけで「クローズド・サークルものか」とお思いになるだろ

う。アガサ・クリスティの『そして誰もいなくなった』に代表されるクローズド・サークルにはミステリのロマンが詰まっている。

容疑者の候補は絞られ、科学捜査も不可能、次に犯人に襲われるのは誰か予測できない。このような状況においてこそ、魅力的な謎は驚愕の結末を伴って探偵により華麗に解決され得るのではないだろうか。この一作で「館」の魅力の虜になったなら、続く『水車館の殺人』『迷路館の殺人』等の「館」シリーズを併せて読んでほしい。

──新本格ミステリの世界へ、ようこそ──

（竃浦）

森見登美彦 著
『ペンギン・ハイウェイ』
（角川文庫／KADOKAWA）

散りばめられた伏線を
楽しみながら

森見登美彦　もりみ・とみひこ

1979年奈良県生まれ。2003年『太陽の塔』
で日本ファンタジーノベル大賞を受賞。デ
ビュー作となる。2007年『夜は短し歩けよ
乙女』で山本周五郎賞を受賞。本作品で
2010年に日本ＳＦ大賞を受賞した。『有頂
天家族』『四畳半王国見聞録』など著書多数。

美しく珍妙な文字たちの
万国博覧会

松　樟太郎　まつ・くすたろう

1975年生まれ。生来の文字好き・活字好き
で、現在も新たな文字情報を求め続けている。
本作品は「みんなのミシマガジン」の連載を
改題、加筆して刊行。著書に『声に出して読
みづらいロシア人』がある。

松樟太郎 著
『究極の文字を求めて』
（ミシマ社）

ペンギンを生み出す不思議な能力を持つ歯科助手のお姉さんとそれを研究しようとする少しませた小学生ことアオヤマくんとその友だちを描いたSF小説である。アオヤマくんをはじめとする少年たちのある種の全能感や、夢などを非常に美しく描いている。

特にこの本のラストシーンは、アオヤマくんが成長する姿が象徴的に描かれている。彼がお姉さんの提案を断り、一歩大人びた回答をするということは、成長の止まった「大人」であるお姉さんから見る少年よりも、さらに彼が成長していたという証にほかならない。

お姉さんは「教会」に通っている。この施設がどんな意味を持つのかを考えたときに、アオヤマくんもまた何かを信仰しているのではないか、それがお姉さんではないかと推測する。異能の力まであるお姉さんは、「神」を連想させる。歯科医院は彼にとっての教会と考えてもいいだろう。

この本の各所に考察のしがいがある伏線が散りばめられているため、未読者はもちろんのこと、既読者や映画を見たからいいやと思っている方もぜひこの機会に一読していただけたら幸いである。自分の「成長」を考える機会になるかもしれない。　　　　（後藤）

＊　　　　　　＊　　　　　　＊

この本は、著者が今まで文字を求めて世界中を旅してきた中で学んださまざまな文字を紹介しつつ、その良いところを組み合わせて「究極の文字」を作る……という試みをまとめたものだ。ページをめくると次から次へと、そこは美しく珍妙な文字たちの万国博覧会である。かろうじて知っているのは、最近インスタグラムでよく見かけるハングル（훈민정음）や、カレー屋さんの看板にあるデーヴァナーガリー文字（देवनागरी）だが、大半は今まで見たことも聞いたこともないような文字たちである。

その中でも私の一番のお気に入りは「カナダ先住民文字」。別名「ゴロンゴロン文字」といって、世界でもまれに見る「斬新な方法で母音を表す」文字だ。例えば、「U」のような文字は、ごろんと横に倒れて「⊂」「⊃」「⊂」と４つしかない母音を表し、４方向に回転させることですべての音を表せるのだ。ほかにもランドルト環が全てそろっているミャンマー文字、日本語と表記の仕方が似ていると言われる神秘の古代語マヤ文字などなど。普段私たちが何気なく使っている文字というのは実はとても面白くて、わくわくするものだということにこの本は気づかせてくれる。　　　　（大村）

上橋菜穂子 作
二木真希子 絵
『精霊の木』
（偕成社）

ファンタジーだけでは
終わらない

上橋菜穂子　うえはし・なほこ

1962年東京都生まれ。オーストラリアの先
住民アボリジニを研究。『狐笛のかなた』で
野間児童文芸賞、2002年「守り人」シリー
ズ（『精霊の守り人』『闇の守り人』など）で
巌谷小波文芸賞など多数受賞。作品はほかに、
『獣の奏者』『隣のアボリジニ』『鹿の王』な
どがある。2014年国際アンデルセン賞作家
賞受賞。

二度と戦争を
起こさないために

高木敏子　たかぎ・としこ

1932年東京都生まれ。自身の幼少時の戦時
体験を綴った本作品で、1978年に厚生省児
童福祉文化奨励賞、1979年に 日本ジャーナ
リスト会議奨励賞、2005年エイボン女性大
賞を受賞。英語、ハンガリー語ほか9カ国以
上で翻訳。アニメ映画「ガラスのうさぎ」も
公開された。『『ガラスのうさぎ』：未来への
伝言　平和の語り部　高木敏子の軌跡』（DVD
付）を刊行。

高木敏子 作
武部本一郎 画
『新版 ガラスのうさぎ』
（金の星社）

『獣の奏者』や「守り人」シリーズなどで知られる上橋菜穂子のデビュー作。400年前環境破壊により死の星となった地球を離れた人類が、ナイラ星に移住するようになってから200年。ナイラ星に住む少年シンの従妹・リシアはある日突然、滅亡したはずのナイラ星先住民「ロシュナール」の〈時の夢見師〉の力に目覚めてしまう。だんだんと浮き彫りになるロシュナール滅亡の真実。口封じのためにシンとリシアを追う政府から逃れながら、彼らは自らに課された使命を果たす冒険に踏み出す。

発達した科学技術を駆使する政府に対し、シンたちは圧倒的に不利。それでも過去のロシュナールたちの悲願をかなえるために抵抗し続ける彼らの姿に胸が熱くなる。この本自体は全くのファンタジーだが、それだけでは終わらせない何かを持っている。現実に世界各地で起こっている民族間の対立を解決し、人類が国や地域を超えて協和するためのヒントが、この本には隠されているような気がしてならないのだ。

言葉遣いや総ルビである点では小・中学生向けかもしれないが、内容としては高校生以上の世代も十分楽しめ、深く考えさせられる本だ。何回も読み返してみるのも、そのたびに違う発見があって面白い。　　　　　　（中島）

一度読んで気に入った本は何度も読む癖がある私が、これまでの人生を通して最も読んだ回数が多い本が『ガラスのうさぎ』だ。この本の主人公の敏子は12歳で両親と二人の妹を亡くした。12歳で読み返したとき、敏子が自分と同い年で置かれた状況を想像し、あまりにも残酷で涙が止まらなかった。

戦争は、本当ならもっと生きられたはずの人の命を奪い、残された家族に大きな悲しみを与える。戦争をしたって、誰も幸せにならない。こんなに明白な事実があるのにもかかわらず、人間は何度も戦争を繰り返している。これから二度と戦争を起こさないために、私はこの本を私と同じ高校生に、そしてこれからの世代にぜひ読んでもらいたい。

未来を創るにあたって、私たちはどうしても目先の幸せばかりを見て行動してしまいがちだ。しかし、過去に人間が犯してしまった罪を顧みてもう二度と同じ失敗を繰り返さないと誓わないと、結局は同じことの繰り返しになってしまう。

この本は、戦争という過去の大きな罪を私たちに突き付けてくる。怖いかもしれないし辛いかもしれないけれど、戦争のない平和な未来を創るために、ぜひ向き合ってほしい、そんな作品だ。　　　　　　（浅野）

川口俊和 著
『コーヒーが冷めないうちに』
（サンマーク出版）

一度きり、
後戻りできない自分の人生

川口俊和　かわぐち・としかず

1971年大阪府生まれ。作品の元である1110
プロヂュース公演「コーヒーが冷めないうち
に」で、第10回杉並演劇祭大賞受賞。本作
品が小説デビュー作である。2018年映画化
された。世界21カ国で翻訳本刊行。

怒涛のストーリーと感動を、
ぜひ原作で。

ヴィクトル・ユゴー　Victor Marie Hugo

1802年 ～ 1885年。フランスを代表する詩
人・小説家・劇作家。1830年、戯曲『エル
ナニ』で成功を収める。政治家としても活躍
し、1851年国外に亡命。英仏海峡の島やベ
ルギー等で19年間暮らし、本作品を完成さ
せた。1870年にフランスに帰国。

ユゴー 著
佐藤朔 訳
『レ・ミゼラブル』
（新潮文庫／新潮社）
※全5巻。写真は第1巻

皆さんは今までに過去や未来に行きたいと思ったことはないだろうか？"ただ遊んでいるだけでよかった幼稚園児の頃に戻りたい"と思ったり、"未来に行って将来自分がどんな生活をおくっているのか知りたい"と思ったり……一度は考えたことがあるのではないだろうか？

この本の舞台は「望んだ通りの時間に移動できる」といううわさの流れる喫茶店。そのうわさを聞いていろいろな客が来店するのだが、時間を移動するためには５つの大きな条件がある。その条件を聞いたほとんどの客は諦めて帰ってしまうなか、それでも行きたいと願う人たちが現れる。連作短編小説で、それぞれ「恋人」「夫婦」「姉妹」「親子」がテーマになっている。どの短編も"どんなに努力しても変えることのできない現実"を知った上で、大切な人に会いに行く姿や、相手を想うが故につく嘘など、心が揺さぶられるシーンがたくさんある。

登場人物の心情が細かく表現されていて感情移入しやすく、後悔しないように生きていこうという思いが強くなった。一度きり、そして二度と戻ることのできない自分の人生をどのように過ごすべきかを、考えさせられる１冊だ。　　　　　（大塚）

＊　　　　＊　　　　＊

『レ・ミゼラブル』。このタイトルを、一度は耳にしたことがあるのではないだろうか。

主人公のジャン・バルジャンは一切れのパンを盗んだ罪で投獄され、仮釈放された後も"元囚人"として差別に苦しみ、心を歪ませてしまった。しかし司教の助けを借りて改心し、新しい人生を決意する。その後、立ち寄った街で産業に成功し市長に就任するが、ジャベール警部に見つかってしまい、事情があって引き取った"最愛"の少女コゼットと共に警察の目をかいくぐりながら革命の嵐に巻き込まれていく。そして多くの人間を救ってもいくのである。

この物語の魅力は、あくまでバルジャンが人間であるという点だ。自分のみの安全を考えてしまい苦悩する姿や、自分が愛する者を他人に取られそうになり嫉妬する姿などははっとするほど胸に迫る。「愛」にはさまざまな形があることを改めて感じることができる。

ミュージカルや映画であらすじをご存じの方は多いと思うが、大幅カットされているので、私としてはぜひとも原作で読んでほしいと思う。怒涛のストーリーと革命の臨場感とともに、全５巻必ず深く感動し、共感せずにはいられないシーンが見つかることをお約束する。　　　　　（窪井）

コラム　YAの担い手たち⑤

翻訳家　金原瑞人（かね はら みず ひと）

　英語圏のヤングアダルト小説の翻訳を多
数行っている翻訳家である。読書感想文コ
ンクール課題図書にもよく彼の翻訳本が取
り上げられている。そして何よりも、「ヤ
ングアダルト」概念の確立・推進について
は金原瑞人を抜きに語ることはできないほ
ど、日本のYA文学をけん引してきた。

『YA読書案内』
（晶文社）

　ブックガイドにも力を入れており、翻訳
物の面白さを伝えるフリーペーパー「BOOK
MARK」は書籍化されたが、2020年夏で16号を迎えて継続中である。

　YA世代に向けたブックガイドも『YA読書案内』（晶文社）、『12
歳からの読書案内』（すばる舎）、『12歳からの読書案内：とれた
て！ベストセレクション』『12歳からの読書案内：多感な時期に読
みたい100冊』（すばる舎）、『13歳からの絵本ガイド　YAのための
100冊』（西村書店）、『10代のためのYAブックガイド』1・2（ポ
プラ社）など、常に旬のものを若者に届けようとしている。本書も
これらの本に触発された部分が大きい。

『12歳からの読書案内』
（すばる舎）

『13歳からの絵本ガイド
YAのための100冊』
（西村書店）

岡山県瀬戸内市立図
書館には、金原瑞人が
寄贈した約400タイト
ルの著書、翻訳書およ
び原著が収蔵されてい
る。

「中高生の読書離れ」は本当か？！

　中高生の読書離れの話をよく耳にする。

　学校読書調査（全国学校図書館協議会・毎日新聞社）によると2000年くらいから中学生の読書冊数は増加している。高校生はずっと横ばいだ。増えてはいないかもしれないが、減っていない。本以外のメディアが発達している現状では、むしろ読書に親しんでいるとも言えるのではないだろうか。

　「学校読書調査」は1か月に読んだ本の冊数の統計なので、読書量を、時間ではなく冊数で小学生と比較されるのでは、中高生が気の毒というものだ。この話を中高生にすると、彼ら彼女たちは一様に「ホッとした」と言う。読書推進の観点からより高い水準を求めるのはいいが若者を非難することになっているということを大人たちはもう少し考えなくてはならない。文部科学省の委託調査（「高校生の読書に関する意識等調査」）でも、"読書が好き"と答えた高校生は6割を超えている。「読書離れ」を叫ぶ大人たちの読書も考えなければならない。大人は読書に親しんでいるのか。

　それでも確かに、前出の「学校読書調査」によれば、約半数の生徒は1か月に1冊も読書していない事実はある。不読の理由として、意識調査の中で最も多いのは「時間がない」である。このことは中高生は部活や塾などで忙しい現状を浮き彫りにしている。他に、「興味関心にあう本が身近にない」「何を読んでいいのかわからない」があがる。読みたい本や読みたいと思える本とつなげる人が身近にいたら、もっと子どもたちの読書の世界は広がっていくだろう。

　統計の奥にある背景や、等身大の中高生の姿を見ること、そして、批評する自分自身を顧みることは、読書推進を唱える者にとって大切なことではないだろうか。

中高生対象のシリーズや文学賞

　中高生対象のシリーズや本に関する賞が増えてきた。うれしく思うと同時に大いに活用していきたい。

　中高生に向けて、熱い思いとともに読書を呼びかけたのが「岩波ジュニア新書　（岩波書店）」である。1979年、「発足に際して」の文章は、今読んでも心に響いてくる。「わたしたちは、これから人生を歩むきみたちが、生きることの本当の意味を問い、大きく明日をひらくことを心から期待して、ここに新たに岩波ジュニア新書を創刊します。」

　そして、2005年からは「ちくまプリマ―新書　（筑摩書房）」が、この路線に連なるようになる。それぞれ岩波新書・ちくま新書より平易に書かれており、大人にとっても、各分野への格好の入門書にもなっている。キャリア教育に関しては「なるには BOOKS（ぺりかん社）」がおすすめである。生き方等に関しては、「よりみちパン！セ（理論社）→（イースト・プレス）→（新曜社）」「14歳の世渡り術（河出書房新社）」！

　文学賞で挙げるなら、本屋大賞。この賞は一般対象の賞なのだが、若者を主人公とした作品が多い。青春は、これから迎える人にとっても振り返る人にとっても、人生にとってかけがえのない時期といえるのだろう（『島はぼくらと』辻村深月 講談社、『夜のピクニック』恩田陸 新潮社など）。

　岡山市の文学賞である坪田譲治文学賞は、「大人も子どもも共有できる優れた作品」というコンセプトなので、自然、YA文学的な作品が受賞する（『世界地図の下書き』浅井リョウ 集英社、『きみはいい子』中脇初枝 ポプラ社など）。

　そして面白いのが高校生直木賞。1年間の直木賞ノミネート作品の

中から、高校生が自分たちの視点で討論しながら1作品を選ぶ。いつも直木賞受賞作品とは違う作品が選ばれる（『ナイルパーチの女子会』柚木麻子 文藝春秋、『また、桜の国で』須賀しのぶ 祥伝社など）

　学校現場も、賞を作り、自ら選ぶことで読書への誘いを始めた。本書の中でも紹介している「さいたまイチオシ本」、「おかやま・でーれーBOOKS」「神奈川KO本」などである。現場の高校司書が中心になって行っている。

　新聞社も、読書推進に力を入れている。「中学生・高校生ビブリオバトル大会」は読売新聞社が、「オーサービジット」は朝日新聞社、「青少年読書感想文全国コンクール」は全国学校図書館協議会とともに毎日新聞社も主催である。出版社はもちろんであり、児童図書出版協会は児童書全般を、そしてヤングアダルトに関しては「YA出版会」が、パンフレット作成、講演活動など、積極的にYAの読書を応援している。

　また、日本YA作家クラブ、日本子どもの本研究会に所属するヤングアダルト＆アートブック研究部会も活発に活動していて、中高生の読書応援の輪はますます広がっている。

あ と が き

　なんと幅広い本の数々、子どもたちの姿があることでしょう。原稿を読み返して再認識したことでした。子どもたちと本との関わりについては、本書で特に大切にしたところです。

　学校図書館で生徒たちと接していると、彼ら彼女らの力に驚かされることが多々あります。情報ツールが発達し、だれでも容易に発信できる世の中になりましたが、時代の最先端を行くのはいつも若者です。学校内外での文化活動や自主活動へと、彼らの活躍の場を広げたいものです。本書でも取り上げたような、生徒によるブックガイドなどの作成・出版もその具体例のひとつですし、高校生が選ぶ直木賞も定着してきました。ビブリオバトルの中学生大会・高校生大会、各地域での開催も含め、彼らが紹介する本は大いに参考になります。図書館の広報活動などにも、若い発想力は大きな力です。そもそも対象の多くは同じ中高生なので、SNSを使っての発信など、もっともっと広げていくことができそうです。

　学校図書館は、いろいろな人や施設とつながっています。校内では授業・行事・進路指導等、保護者とも。校外では地域の図書館や美術館・博物館などの文化施設とも、書店や出版社・新聞社ともつながっています。中高生の世界をつなげ、ひろげる大切な役割を担うことのできる場と言えるでしょう。

　学校図書館を、中高生たちと、ともに学び楽しみ、作っていくのは誠に楽しいことであり、彼らの未来への可能性も強く感じることができます。本書は、このような日々を積み重ねてきた、私を含め12名（学校司書・司書教諭6名ずつ、うち中学校・高校6名ずつ）が執筆しました。機関誌

連載期間中の3年間、一緒に頑張ってくださった執筆者の方々に心から感謝し、あとがきのなかで紹介をさせていただきます。なお、中高生につきましては指導にあたられた司書教諭の紹介のみとさせていただきます（生徒の皆さん、執筆をありがとう）。

　編集に関して、『青春の本棚』の名付け親でもあった全国学校図書館協議会の岩﨑弥太郎さん、最後まで執筆・編集に寄り添ってくださった同・髙橋利加子さんにも心からお礼申し上げます。

〈執筆者紹介〉

♪ 赤澤扶美子（あかざわ　ふみこ）

　赤澤さんは、岡山県立高校で司書教諭で岡山県の若手教員・司書教諭として活躍中である。岡山県立図書館で勤務した経験もあり公共図書館との連携にも詳しい。機関誌「学校図書館」の「きらり！司書教諭」の連載では、図書委員会活動や高校図書館の実情についても詳細に述べている。IASL（国際学校図書館協会）バリ大会にも参加した。

　実業高校での勤務が長く、本書では、生徒の視点を大切にした選書を中心に紹介している。

♪ 木下通子（きのした　みちこ）

　木下さんは、埼玉県立高校の担当部長兼主任司書で、「埼玉県の高校司書が選んだイチオシ本」の実行委員長として、また、ビブリオバトル普及委員として活躍中。著書である『読みたい心に火をつけろ』（岩波ジュニア新書、2017年刊）は、高校生の姿も生き生きと伝わり、ブックガイド的な読み方もでき、高校図書館を知る絶好の本である。高校生と本への愛情にあふれている。同じ岩波ジュニア新書の『答えは本の中に隠れている』（2019年刊）でも1章を担当している。

本書では、旬の作品を中心に、人権感覚を大切にした本を多く紹介している。

♪ 髙司陽子（たかじ ようこ）

髙司さんは、東京都の私立中学・高校で、専任の司書教諭として活動している。「読み聞かせ・ビブリオバトル・哲学カフェ」の活動は、2020年、学校図書館賞奨励賞（全国SLA主催）を受賞した。IASLバリ大会に出席し、2016IASL東京大会で同活動を発表。2017年東京都より、読み聞かせボランティア活動において模範青少年団体表彰を受賞。

本書では、髙司さんの声かけのもと、中学校・高等学校の生徒が執筆した。中高生のみずみずしい感性に、気づかされることも多い。

♪執筆した生徒たち♪（学年は執筆当時）

- 福井麻乃（中学校3年）
- 石橋　藍（高等学校1年）
- 竃浦さくら（高等学校1年）
- 浅野　舞（高等学校2年）
- 大塚佳奈（高等学校2年）
- 大屋知穂（高等学校2年）
- 岡　夏希（高等学校2年）
- 岸さとみ（高等学校2年）
- 窪井春乃（高等学校2年）
- 倉光桃花（高等学校2年）
- 中島佳美（高等学校3年）

♪ 高橋今日子（たかはし きょうこ）

高橋さんは、横浜市立中学校の学校司書で、読書推進で文科省表彰を受けるなど、横浜市の学校司書の中心的存在である。勉強熱心で、さまざまな研修会に積極的に参加するだけでなく、現在は、大学院で勉学中である。数々の実践も今後その中で整理されていくだろう。学習指導支援も積極的に行い、「主体的・対話的で深い学び」を支える学校図書館活動も評価されている。

本書では、細やかな目線で子どもに向き合い、一人ひとりに即した読書
案内のエピソードを紹介しており、その光景が見えるようである。

♪ 田中麻依子（たなか まいこ）

田中さんは、岡山県の私立中学・高校の学校司書で、活発な図書館・図
書委員会活動を支え、一年をかけて、テーマを決め、調べ、発表するなど、
図書館における探究学習を行っている。イベントとして行われる文学散歩
は保護者なども参加して県外まで行く。読書会は長年行っている、同校の
伝統イベントでもある。

岡山県高校司書部会でも中心となって活動し、高校生におすすめのノン
フクション大賞「でーれーBOOKS」も手がけた。2014年、学校図書館
賞奨励賞（全国SLA主催）を受賞した。

本書では、生徒との本を介してのやり取りの中で、彼女たちの心情をも
よく描いている。

♪ 長尾幸子（ながお さちこ）

長尾さんは、山口県の県立高校国語科、図書館担当教員・司書教諭とし
て38年間活動し、現在も全国SLA学校図書館スーパーバイザーとして活
躍している。特に、読書会については全国的にも第一人者で、『読書会を
ひらこう』（全国SLA 、2008年刊）を刊行、各地で講演・ワークショッ
プなどを開催、丁寧で分かりやすく楽しいと、とても評判が高い。

教師時代の実践や新聞投稿などをまとめた『幸せ香る日々に…』（ブッ
クウェイ、2014年刊）があり、読書指導について大いに参考になる。

本書では、その読書会の実践を中心に、おすすめの本と生徒の様子を紹
介している。

🎼 中村清子（なかむら きよこ）

中村さんは、岡山県立高校国語科、図書館担当教員・司書教諭として38年間活動し、現在は地域での読み聞かせ活動などを行っている。特に絵本についての造詣が深く、高校生にも絵本の紹介を続け、いろいろな会で発表もしている。岡山県SLAの絵本研究部会のメンバーでもあった。IASLモスクワ大会にも参加している。

本書では、その実践を踏まえ、生徒の反応・感想とともにYA向けの絵本を紹介している。

🎼 前田由紀（まえだ ゆき）

前田さんは、東京都の私立中学・高校で、専任の司書教諭として活動している。学校の基本目標は「自調自考」（自ら調べ、自ら考える）。学校図書館が自調自考の拠点となっている。図書委員会は、生徒が主体的に運営、ユネスコの世界寺子屋運動にも参加している。同校は、2016IASL東京大会で、世界各地からの参加者の前で、生徒が英語でのビブリオバトルも行った。

執筆してくれた生徒は、読書好きで個性あふれる図書委員や図書館のご<ruby>贔屓<rt>ひいき</rt></ruby>さんたちである。

♪執筆した生徒たち♪（学年は執筆当時）

- 高野知宙（中学校2年）
- 谷村実優（高等学校1年）
- 沼田晴香（高等学校1年）
- 相原敬人（高等学校3年）
- 大村梨琴（高等学校3年）
- 大山りな（高等学校3年）
- 加藤克彬（高等学校3年）
- 後藤　楽（高等学校3年）

🎼 道浦百合（みちうら ゆり）

　道浦さんは、現在は神戸市立中学校の学校司書で、家族の転勤に合わせて、尾道・横浜・神戸と転居しながら、それぞれの地で地道に学校司書としての職責を果たしている。多くのセミナーや学習会に積極的に参加し、赴任した都市では学校司書の集まりの中心にいる。

　生徒に寄り添い、司書教諭や教員たちと一緒に、学校図書館で生徒の成長に資する活動を続けている。本書ではそうしたテーマに沿った本を中心に紹介している。

🎼 村上恭子（むらかみ きょうこ）

　村上さんは、国立大学法人の附属中学校の学校司書で、学校の学びの核にいる。東京学芸大学学校図書館運営専門委員会・司書部会が運営する「授業に役立つ学校図書館活用データベース」でも中心になって活躍。学校だけでなく、全国的にも評価が高く、『学校図書館に司書がいたら―中学生の豊かな学びを支えるために―』（少年写真新聞社、2014年刊）の著書もある。

　本書では、新刊図書の紹介が多く、村上さんが機関誌「学校図書館」で紹介した作品が、その後、本屋大賞受賞作に決まるなど、いち早く面白い本を見つけ紹介している。

🎼 山本みづほ（やまもと みづほ）

　山本さんは、長崎県の中学校教員、図書館担当教員・司書教諭として35年間活動し、現在は地元長崎県で、大学非常勤講師として勤めながら、長崎県の朝の読書やさまざまな読書活動を推進し活躍している。公共図書館とのつながりも深く、機関誌「学校図書館」の中でも公共図書館を巡る旅を連載した。『蛾のおっさんと知る　衝撃の学校図書館格差』（郵研社）

を2019年に刊行した。

　本書では、地元長崎に関わりのある本の紹介を多くしており、地元に根差した読書推進について、大いに参考になる。

　私たちは、これからも若者に寄り添い、若者の未来に期待し、若者と読書の応援団でいたいと思います。本書が、YA図書を考えるすべての人にとっての参考となることを祈りつつ。

高見京子

高見京子（たかみ　きょうこ）プロフィール

　岡山県立高校国語科、図書館担当教員・司書教諭として38年間活動し、その後、大学非常勤講師、全国SLA学校図書館スーパーバイザー、ビブリオバトル普及委員や地域での文庫活動も行っている。

　司書教諭としての実践をまとめた『読書イベントアイデア集』（全国SLA、2013年刊）や『「探究」の学びを推進する高校授業改革』（共著）（学事出版、2019年刊）があり、機関誌「学校図書館」には、文学散歩的エッセイ「京魅津々」も掲載。　全国学校図書館協議会創立70周年記念・学校図書館功労者として表彰された。

　機関誌の連載では、深い思索に導くYA定番作品などを取り上げるとともに監修を、本書では、コラムの執筆と編集を行った。

著者索引

●編著者
高見京子　　元・岡山県立高等学校司書教諭

●執筆者
赤澤扶美子　岡山県立興陽高等学校司書教諭
木下通子　　埼玉県立浦和第一女子高等学校学校司書
髙司陽子　　東京都・豊島岡女子学園中学校・高等学校司書教諭
高橋今日子　横浜市立西本郷中学校学校司書
田中麻依子　岡山県・山陽学園中学校・高等学校学校司書
長尾幸子　　元・山口県立高等学校司書教諭
中村清子　　元・岡山県立高等学校司書教諭
前田由紀　　東京都・渋谷教育学園渋谷中学高等学校司書教諭
道浦百合　　神戸市立本多聞中学校学校司書
村上恭子　　東京学芸大学附属世田谷中学校学校司書
山本みづほ　元・長崎県佐世保市立中学校司書教諭

●エッセイ
小手鞠るい

本書に掲載した本は、絶版等により入手できない場合があります。

青春の本棚　中高生に寄り添うブックガイド

2020年11月23日　初版発行
2021年 4 月 3 日　第2刷発行

編著者　　高見京子
発行者　　設楽敬一
組版所　　株式会社アジュール
印刷・製本所　　瞬報社写真印刷株式会社

発行所　　公益社団法人全国学校図書館協議会

〒112-0003　東京都文京区春日2-7-7
TEL 03-3814-4317㈹　FAX 03-3814-1790

分類019.5

ISBN978-4-7933-0100-1　　　　　　　　©Kyoko Takami 2020